介绍 jiāng

业背景 idea
- 大脑派
- 世界记忆纪录
- 首席导师
- 保持者
- 世界记忆大师
- 教练
- 最强大脑
- 教练
- 思维导图
- 英国官方注册导师

行业成绩
- 扑克牌 52张
- 67秒
- 5分钟 随机数字 200个
- 4天 国学经典 《道德经》
- 7天 英语单词 《大学四级3600》
- 最长单词 世界纪录 PHEU...

出版 Book
- 图书 《大脑开发秘册》 记忆法
- 思维导图
- 《唤醒了你的大脑》
- 《给孩子的8堂思维导图课》 思维导图

给孩子的8堂
思维导图课

姬广亮◎著

机械工业出版社
CHINA MACHINE PRESS

从思维导图的作用、组成和绘制方法，到思维导图在学科和考试中的应用，作者为孩子们提供了一套行之有效的思维导图操作方法，解决学习中最常见的问题：如何记忆课文和单词、如何整理笔记、如何厘清解题思路、如何掌握所有知识点、怎样把厚书读薄、怎样写出高分作文、怎样做好学习总结、如何进行考前规划等，帮助孩子减轻学习压力，激活学习热情，提高学习效率。

这不是一本普通的思维导图工具书，而是一本可以陪伴学习者一辈子的"好朋友"。书中内容不仅仅局限于思维导图本身，还囊括了脑科学和学习习惯培养等知识。不仅是学生易掌握的思维导图学习手册，也是家长的指导手册，帮助家长和孩子在共同学习中取得更好的学习效果，改善亲子关系。

图书在版编目（CIP）数据

给孩子的8堂思维导图课／姬广亮著．—北京：机械工业出版社，2018.9（2023.2重印）
ISBN 978－7－111－60993－3

Ⅰ．①给…　Ⅱ．①姬…　Ⅲ．①学习方法　Ⅳ．①G791

中国版本图书馆CIP数据核字（2018）第219145号

机械工业出版社（北京市百万庄大街22号　邮政编码100037）
策划编辑：谢欣新　刘春晨　　责任编辑：刘春晨
版式设计：张文贵　　　　　　责任校对：潘　蕊
封面设计：吕凤英
责任印制：常天培
北京市雅迪彩色印刷有限公司

2023年2月第1版第15次印刷
169mm×239mm・16印张・1插页・190千字
标准书号：ISBN 978－7－111－60993－3
定价：59.80元

电话服务	网络服务
客服电话：010-88361066	机　工　官　网：www.cmpbook.com
010-88379833	机　工　官　博：weibo.com/cmp1952
010-68326294	金　书　网：www.golden-book.com
封底无防伪标均为盗版	机工教育服务网：www.cmpedu.com

序一

好方法成就好成绩

因为工作的关系我认识许多研究大脑记忆的老师,但是这些年我一直合作的是姬广亮老师。因为姬老师不仅仅是一个记忆高手,更重要的是他有着超高的情商。我是几年前做《大王小王》节目的时候与他结识的,当时他给我的印象就是非常认真。后来我们就成了朋友,私下也经常交流。

我还请他来给我的学生们讲过记忆法和思维导图的课程。我觉得姬老师对于这方面的研究最大的突破就是:他用一种全新的方法教给孩子们画思维导图。在他的手中,没有什么是不可以画的。任何一种需要记忆的东西都可以通过思维导图表达出来。他甚至给我画过一幅我人生的思维导图,我觉得非常漂亮,也非常有趣。渐渐地,我向他学习到了很多的思维方法。

其实我和姬老师一样,在日常生活中也会用到许多记忆方法。因为我是主持人，每天可能要背四万字左右的稿子。但是我没有像他一样把这些方法总结出来。姬老师非常善于总结，而且在他的笔下，思维导图就像艺术品。他经常在朋友圈分享思维导图作品，我会把它们下载下来，闲暇的时候欣赏一下。我觉得思维导图不仅能带给我们美的感受，更重要的是它能带给我们一种新的思路。

　　以前我觉得思维导图离我很远，认识姬老师之后，我也开始学习画思维导图。虽然我的思维导图没那么漂亮，但是我给我的女儿讲历史、讲地理的时候，都会习惯于通过思维导图来讲解。比如我讲一首唐诗，从作者出发，可以画一幅思维导图，从当时的历史背景出发，又可以画一幅思维导图。通过这种学习方法，我觉得学习变得非常轻松和一目了然，学会的知识真的是记在大脑深处永远都不会忘掉。

　　姬老师要出新书了，我非常开心，也真诚地推荐给大家。如果每个人都能掌握思维导图这一工具，我们的整个学习生涯将会变得事半功倍。我们就不用花费那么大的力气去死记硬背，学习将会变得轻松起来。我相信跟着姬老师学习记忆方法和思维导图是一个不错的选择。

　　我是王芳，我向大家推荐姬老师的新书《给孩子的8堂思维导图课》。

王　芳

著名电视节目主持人、畅销书作者

思维有"魔"方

说到思维导图,我不得不向大家推荐一个人,他就是思维导图领域的顶级教练——姬广亮老师。他也是我的思维导图教练。

2012年5月一个温暖舒适的午后,我结识了姬广亮老师,我俩一见如故。他的话语中,无不显示出对大脑开发的各种奇思妙想,甚至使我的思维习惯发生了改变。

我有幸聆听了姬老师亲授的思维导图课程,在轻松愉悦的交谈中,我迅速掌握了这项技能,从此便一发不可收。我将思维导图应用到学习、工作及写作当中。2014年那一年间,思维导图协助我创作了100万字的童话小说。它令我思路清晰,使我创作的故事逻辑严谨,协助我构建出宏大的世界观,在我思维枯竭的时候帮助我迅速拓展出全新的思路。思维导图成了我生命中的一部分，几乎涉及了我生活中所有的日常事务。

　　本书集合了姬广亮老师多年的教学经验，内容诙谐幽默、浅显易懂，涵盖了思维导图的基础知识、高阶实战，以及在各类学科学习中的应用，是思维导图学习者的必备之书，是家长送给孩子最棒的学习礼物。

庄海燕
魔方盲拧十次世界纪录创造者、
儿童文学畅销书作家、冰心
儿童文学新作奖获得者

前言

厉害了,我的思维导图

每当提到《给孩子的 8 堂思维导图课》一书的顺利完稿和出版,我都不得不感谢一个非常强大的家伙,它是我的好搭档,更是我的好帮手——思维导图。正如身边的许多人一样,在我的日常生活、学习与工作中曾经也充斥着各种各样的苦恼,比如记忆力下降,学习效率低下,写作时脑袋空白,处理问题思维混乱,做事缺少规划,工作如同一团乱麻等。如今这些苦恼已经在我的生活中烟消云散,或者说极少再困扰我,这都要归功于"大脑瑞士军刀"——思维导图。

思维导图对我的帮助和改变是萌生要写这本书的初衷,它就像一颗种子播撒在我的脑袋里,生根发芽,整个过程就像在创作一幅思维导图作品,最后竟然不知不觉地就完成了这本书。其实,连我自己都没有想到:不到一个小时的时间就用思维导图梳理出了整本书的写作架构和思路，并且列出了详细的写作大纲。然后，再用不到一周的时间完成整个书稿的全部内容，而且很多时候我并不是一整天都用在写书上。也许这就是思维导图的魅力，它可以让你很轻松地解决一些棘手的问题，而且事半功倍。

同样的奇迹也不断地在我的学员中出现。王申是大脑派西安的一位学员，她在参加冰心杯全国奥林匹克作文大赛时，仅用五分钟的准备时间，就用思维导图构思出一篇题目为《下一个苹果》的作文，并斩获当年的全国一等奖；还有魔方盲拧吉尼斯世界纪录创造者，曾经连续10次打破世界纪录的魔方盲拧世界冠军——庄海燕，在我的系统指导下掌握思维导图，年出版16本儿童文学著作，不仅成功跻身儿童文学作家之列，而且还荣获了2015年冰心儿童文学新作奖。

说实话，思维导图真的非常强大，但它不至于强大到无所不能。所以，我不希望看到有的学员完全迷信于它，把思维导图误认为万能金钥匙。思维导图就像一台汽车，要想很好地发挥它的价值，就必须花些时间和精力去了解和掌握它。更重要的一点是：你需要一本简单、易学、适合中国人思维习惯的思维导图"使用说明书"，而《给孩子的8堂思维导图课》将是你的不二之选。

这本书与市面上现有的思维导图工具书有所不同。通篇以思维导图在学科中的实战应用为主线，手把手教会你如何把思维导图应用到语文、数学、英语与日常考试中。书中还提供了大量学科应用案例和思维导图模板，一看就懂，一学就会。除此之外，还囊括了脑科学和习惯养成等诸多方面的论述，既提供了科学充足的理论支撑，更陈述了详尽的操作方法。总之，理论与实践相结合，不偏不倚双管齐下。不仅是学生易于掌握的思维导图说明书,更是便于家长学习以及和孩子交流的指导手册。

《给孩子的8堂思维导图课》不仅是一本思维导图领域的学习宝典,更是一本可以陪伴学习者一辈子的"好朋友",是家长送给孩子最棒的学习礼物。其实,无论你是学生、家长、老师还是社会人士,它都会在学习领域给予你最中肯与最受用的指导建议和方法。

10年,我只专注思维导图的教研工作。

思维导图改变了我的人生,我愿倾囊相授,分享给翻开此书的你!

姬广亮

目录

序一 好方法成就好成绩
序二 思维有"魔"方
前言 厉害了，我的思维导图

■ **第一章 学霸都在用的高分神器** ... 001
　　你在用学习折磨自己吗 ... 002
　　家家有位"爱因斯坦" ... 006
　　藏在大脑里的 N 颗魔法石 ... 011
　　原来学霸都在这么做 ... 015
　　你的学习笔记该升级了 ... 020

■ **第二章 解密"天才笔记"——思维导图** ... 025
　　"天才笔记"思维导图的诞生 ... 026
　　思维导图初学者常见的三个误区 ... 030
　　这都是思维导图干的好事 ... 032
　　学会发散思维，秒懂思维导图 ... 035

■ 第三章　刨根问底拆解思维导图　　... 045

- 种子的力量——中心图　　... 046
- 枝干的力量——分支　　... 051
- 叶子的力量——关键词　　... 057
- 花朵的力量——关键图　　... 060
- 色彩的力量——颜色　　... 064

■ 第四章　头脑风暴组装思维导图　　... 071

- 思维导图"百宝箱"　　... 072
- 你的疑问，我早知道　　... 073
- 五步画出完美思维导图　　... 075
- 如何有效解读思维导图　　... 085
- 如何高效复习思维导图　　... 086

■ 第五章　用思维导图击破语文"记忆困局"　　... 089

- 用思维导图整理语文课堂笔记　　... 090
- 用思维导图提高阅读能力，把厚书读薄　　... 095
- 不做死记硬背的"垫脚石"　　... 101
- 用思维导图三分钟记忆一首古诗　　... 104
- 用原来一半的时间记忆一篇课文　　... 119

■ 第六章　用思维导图摆脱数学"题海战术"　... 149

数学老师忘了告诉我们的小秘密　... 150
用思维导图整理数学课堂笔记　... 154
用思维导图厘清解题思路　... 162
用思维导图管理错题本　... 167

■ 第七章　用思维导图走出英语"语法迷宫"　... 171

为什么一上英语课脑袋就成浆糊　... 172
用思维导图整理英语课堂笔记　... 175
用思维导图"一网打尽"语法知识点　... 179
拓展应用1：用思维导图"裂变"背单词　... 182
拓展应用2：用思维导图记忆英语课文　... 189

■ 第八章　用思维导图备战日常考试　... 195

用思维导图做考前规划　... 196
用思维导图写出高分作文　... 201
用思维导图做好学习总结　... 236
千万个"学霸"站起来　... 238

后记　... 242

第一章

学霸都在用的高分神器

你在用学习折磨自己吗

家家有位"爱因斯坦"

藏在大脑里的N颗魔法石

原来学霸都在这么做

你的学习笔记该升级了

你在用学习折磨自己吗

古罗马著名的政治家、哲学家西塞罗（Cicero）说："习惯造就第二天性。"英国的思想家、教育家弗兰西斯·培根说："习惯是一种顽强而巨大的力量，他可以主宰人生。"我国著名作家、翻译家巴金说："孩子的成功教育从好习惯培养开始。"

1988年，75位诺贝尔奖获得者聚会，记者问一位获奖者："您认为在哪所大学、哪个实验室学到了您认为最主要的东西？"这位白发苍苍的学者深思了一会儿说："在幼儿园。"并说在幼儿园学到的是"把自己的东西分一半给小伙伴儿；不是自己的东西不拿；东西要放整齐；吃饭前要洗手；做错了事情要表示歉意；午饭后要休息；要仔细观察周围的大自然"。这位学者深刻地指出，习惯会促使人按一定的方式做事，从小养成良好的学习（生活、行为）习惯，对于人一生的发展有着重大的影响。

在求学的道路上，不良的学习习惯无疑是对自己的一种无形折磨，危害深远。

接下来，看看你的学习习惯如何。请认真思考以下问题，并如实给出自己的选择。

1. 新学期之初，你是否有具体、明确的学习目标？

    A. 有　　　　　　　B. 有目标但比较模糊　　C. 没有

2. 为实现目标，你是否制订了系统的学习计划？

    A. 认真做好计划　　B. 想过，但没做计划　　C. 从没想过，顺其自然

3. 上学期间，你是否迟到早退？

    A. 从来不　　　　　B. 偶尔会有　　　　　　C. 经常迟到早退

4. 听课时，你的注意力集中吗？

    A. 非常集中　　　　B. 偶尔开小差　　　　　C. 经常走神

5. 上课时，你的答问情况是：

    A. 积极举手答问　　B. 老师叫，才答问　　　C. 很少

6. 你听课时是否常做笔记？

    A. 常做笔记，且有整理

    B. 有时做，但很少整理

    C. 没有做笔记的习惯

7. 听课时，你在书或笔记上对重点内容是否有标注？

    A. 很多　　　　　　B. 有，但不多　　　　　C. 基本没有

8. 交流时，你向老师或同学主动提问情况如何？

    A. 很多次，无法统计　B. 不多，几次而已　　　C. 从没问过

9. 对于听课中的问题，你会：

A. 经常问老师或同学，共同研究探讨

B. 不敢问老师和同学，自己看书，懂就懂，不懂就算了

C. 不问也不看书

10. 做作业遇到难题时，你的态度是：

A. 先独立思考，再请教别人

B. 请教别人后再完成

C. 懒得费神，一抄了之

11. 晚上时，你通常会：

A. 先复习、巩固当天所学知识，再做作业、预习新课

B. 先做作业、预习新课，再复习、巩固当天所学知识

C. 做作业、看课外书

12. 在学校里，你有整理课桌的习惯吗？

A. 有　　　　　　B. 很少整理　　　　　C. 从不整理

13. 你的房子里：

A. 有许多与学习有关的书

B. 有一些与学习有关的书，也有其他书籍

C. 没有

14. 你在家学习时，通常是：

A. 专心学习

B. 边看电视边学习

C. 有学习，但心不在焉

15. 当某科学习跟不上时，你会：

A. 主动找老师或同学补课

B. 自己加强弱科学习

C. 听之任之或放弃

16. 周末或放假回家，你对学习：

A. 有牵挂，并带上书学习

B. 不得不完成作业

C. 不予理睬

17. 对于课外书，你的态度是：

A. 经常看，什么书都看

B. 很少看，偶尔翻翻报纸杂志

C. 基本不看课外书

18. 你认为玩笔、书等文具好不好？

A. 属不良习惯，应坚决禁止

B. 没好处，分散注意力

C. 纯属个人喜好，无可厚非

19. 从内心讲，你觉得学习：

A. 非常有意思，越学越有劲

B. 谈不上有趣，但不得不学

C. 毫无乐趣，很苦

20. 你的学习成绩在班上位于：

    A. 上等　　　　　B. 中等　　　　　C. 下等

自我测试全卷共 20 道题，计分标准如下：

选择 A 项得 5 分；

选择 B 项得 3 分；

选择 C 项得 1 分。

自我测试结果：

80～100分，学习习惯等级评"良好"；

60～79分，学习习惯等级评"一般"；

20～59分，学习习惯等级评"差"。

如果你的自我测试总分低于60分，也请不要太担心。因为及时发现自身存在的学习隐患，本身也是一件值得高兴的事情。这是在提醒我们：在以后的学习中要及时做出调整，少走弯路，改掉不好的学习习惯。

发现问题，正视问题，解决问题，也是我们需要养成的重要习惯之一。通过本书思维导图的学习，我们将帮助你与这些折磨大脑的学习隐患说再见。千万不要做一只"温水里的青蛙"，否则它们将会祸害你一辈子。

家家有位"爱因斯坦"

在学生时代，我身边有许多成绩优秀的同学。有时候，我会跟家人抱怨："他们怎么都那么聪明，我实在是太笨了，什么时候才能赶超他们呢？难道我真的不是块儿学习的料？我还能考上理想的大学吗？"这种苦恼一直困扰着我。直到我听到了一个人的成长故事，这种想法才得以转变。

科学巨匠阿尔伯特·爱因斯坦，这个当年被校长认为"干什么都不可能有出息"，童年在嘲笑声中度过的"笨学生"，经过自己艰苦的努力，最终成为现代物理学的创始人和相对论的奠基者，20世纪两位最重要的物理学家之一。

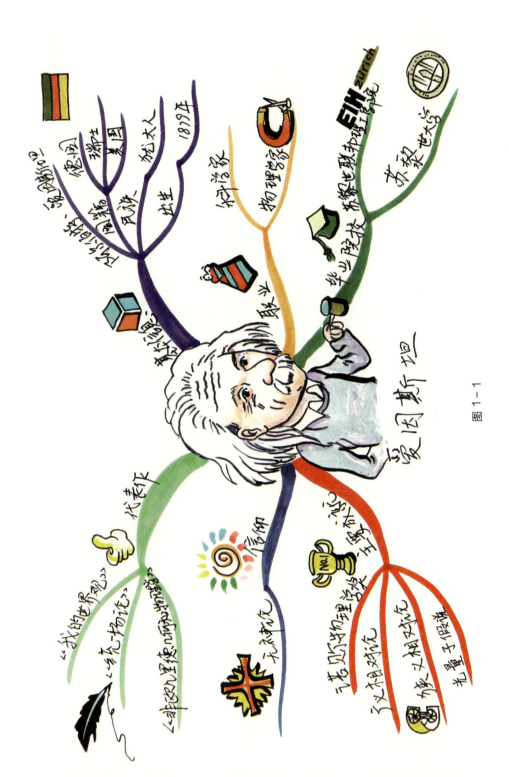

图 1-1

1879年3月14日，一个小生命降生在德国乌尔姆小城的一个犹太人家庭。父母为他起了一个很有希望的名字：阿尔伯特·爱因斯坦。看着他那可爱的模样，父母对他寄托了全部的期望。然而，没过多久，父母就开始失望了：当邻居家的孩子都开始学说话时，已经3岁的爱因斯坦才刚刚"咿呀"学语。后来，爱因斯坦的妹妹，比他小两岁的玛雅已经能和邻居交谈了，爱因斯坦说起话来却还是支支吾吾，前言不搭后语……看着举止迟钝的爱因斯坦，父母开始对他的未来倍感忧虑。他们担心爱因斯坦的智力是否会不及常人。直到10岁时，父母才把他送去上学。可是，在学校里，爱因斯坦受到了老师和同学的嘲笑，大家都称他为"笨家伙"。学校要求学生上下课都按军事口令进行，由于爱因斯坦反应迟钝，他经常被老师呵斥、罚站。有的老师甚至指着他的鼻子骂："这鬼东西真笨，什么课程也跟不上！"

一次学校工艺课上，老师从学生的作品中挑出一张做得很不像样的木凳对大家说："我想，世界上也许不会有比这更糟糕的凳子了！"在哄堂大笑中，爱因斯坦红着脸站起来说："我想，这种凳子是有的！"说着，他从课桌里拿出两个更不像样的凳子，说："这是我前两次做的，交给您的是第三次做的，虽然还不行，却比这两个强得多！"一口气讲了这么多话，爱因斯坦自己也感到非常吃惊。老师更是目瞪口呆，坐在那里哑口无言。

就这样在嘲笑和侮辱中，爱因斯坦慢慢地长大了，升入了德国慕尼黑的卢伊特波尔德中学。在中学里，他喜爱上了数学课，却对其余那些脱离实际和生活的课不感兴趣。孤独的他开始在书籍中寻找寄托，寻找精神力量。就这样，爱因斯坦在书中结识了阿基米德、牛顿、笛卡尔、歌德、莫扎特等各个领域的知名历史人物。书籍和知识为他开拓了一个更广阔的空间，视野开阔了，爱因斯坦头脑里思考的问题也就越来越多了。

一天，他对经常辅导他数学的舅舅说："如果我用光在真空中的速度和光一道向前跑，能不能看到空间里振动着的电磁波呢？"舅舅用异样的目光盯着他看了许久，目光中既有赞许，又有担忧。因为他知道，爱因斯坦提出的这个问题非同一般，将会引起出人意料的震动。此后，爱因斯坦一直被这个问题苦苦折磨着。

1895年秋天，爱因斯坦经过深思熟虑，决定报考瑞士苏黎世大学。可是，他却失败了，他的外语不及格。落榜后的他没有气馁，参加了中学补习。一年以后，他获得了中学补习合格证书，并且考入了苏黎世综合工业大学。这时的他，已经在为自己的未来做准备了。他把精力全部用在课外阅读和实验室里。教授们看见他读和学习无关的书、做和考分无关的试验，非常不满和生气，认为他这是"不务正业"。

爱因斯坦大学毕业时，正赶上经济危机爆发，由于他是犹太人血统，又没有关系，没有钱，所以失业在家。为了生活，他只好到处张贴广告，靠讲授物理获得每小时3法郎的生活费。这段失业的经历，给了爱因斯坦很大的帮助。在授课过程中，他对传统物理学进行了反思，促成了他对传统学术观点的猛烈冲击。经过高度紧张兴奋的五个星期的奋斗，爱因斯坦写出了9000字的论文《论动体的电动力学》，狭义相对论由此产生。可以说，这是物理学史上的一次决定性的、伟大的宣言，是物理学向前迈进的又一里程碑。

尽管还有许多人对此表示反对，甚至还有人在报上发表批评文章，但是，爱因斯坦毕竟还是得到了社会和学术界的重视。在短短的时间里，竟然有15所大学给他授予了博士学位证书，法国、德国、美国、波兰等许多国家的著名大学也想聘请他做教授。当年被人们称为"笨蛋""榆木疙瘩"认为无法成才的爱因斯坦，终于成了全世界公认的、当代最杰出的聪明人物，由"丑小鸭"蜕变成了"白天鹅"。

当许多年轻人缠住他，要他说出成功的秘诀时，他信笔写下了一个公式：A = x + y + z，并解释道："A 表示成功，x 表示勤奋，y 表示正确的方法，那么 z 呢，则表示务必少说空话。"许多年来，爱因斯坦的这个神奇的成功等式一直被人们传颂着。从爱因斯坦的奋斗历程中，不难看出，正是勤奋、正确的方法和少说空话使爱因斯坦由笨头笨脑的人变为科学巨匠的。

一个人暂时看起来不聪明并不可怕，可怕的是自己经不起打击而自暴自弃。只要你肯为你的目标付出艰辛的努力，并配合正确的方法，就一定会得到幸运女神的眷顾。也许你成为不了下一位爱因斯坦，但至少可以帮助你完善自我，离成功更近一步。许多在事业上有成就的人，在童年时代、少年时代并不一定能显出锋芒毕露的优势，相反，他们却很普通，甚至显得有些迟钝、愚笨，常常被周围的人嘲笑、讥讽。如果因为觉得自己笨就灰心丧气，不再努力，那不是将自己潜在的才华、能力都扼杀在摇篮里了吗？

其实，每一个人都有不同的天才特质，每一个人在生命的长河中都会找到属于自己的价值所在。如果你觉得自己笨，那是因为你还没有寻找到激活你无限潜能的"开关"。正如爱因斯坦对物理和数学特别喜爱一样，当你找到自己的兴趣点时，你一定会在这一领域大放异彩，取得卓尔不凡的成绩。

爱因斯坦曾说："我的点子都是通过画图得来的，语言只不过是我向别人解释我想法的工具。"未来人与人的竞争归根结底是大脑的竞争，思维导图作为目前最主流的"脑力革命"工具之一，将帮助你开启新的"用脑模式"，说不定你和天才之间只差一幅思维导图，因为"一切皆有可能"。

藏在大脑里的 N 颗魔法石

人脑重达 1400 克，拥有的神经连接数量甚至比银河中的星星还多。如果我们把大脑比作人类赖以生存的地球，那么这些神经细胞之间的连接就好比地球上错综复杂的高速公路或航空线，所有的路线集结起来就形成了庞大的交通网络。所以，大脑其实是人类天然的"信息高速公路"空间站，而我们却对它几乎一无所知。

诺贝尔医学奖获得者、研究 DNA 分子螺旋结构的英国生化学家克里克（Crick）指出："对于人类来说，没有任何一种科学研究比研究大脑更为重要！"

脑科学研究被公认是 21 世纪生命科学研究的重要课题。众所周知，脑科学研究的风潮起源于美国。1989 年，美国老布什政府提出了"脑的十年"计划。1991 年，欧洲出台了"欧洲脑十年"计划，该计划兼顾保护脑和了解脑两个方面。1996 年，日本制订了为期十年的"脑科学时代计划"。

美国前总统贝拉克·奥巴马 2013 年 4 月 2 日正式公布脑科研计划，以探索人类大脑工作机制、绘制脑活动全图，有助于研究大脑对大量消息的记录、处理、应用、存储和检索，了解大脑功能和行为的复杂联系。业内专家认为，这项计划的意义可与人类基因组计划相媲美。

2013 年江苏卫视脑力真人秀《最强大脑》的播出，让国人第一次认知

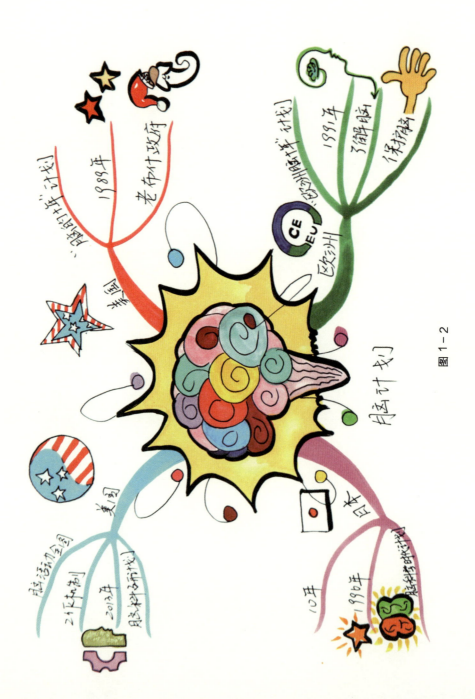

图1-2

到人类大脑的"无限可能性"。一时间，脑科学在中国流行起来。

尽管现代科技和脑神经研究已经有了长足的发展，但人类对大脑的认知还只是"冰山一角"，它就像是一个微型的宇宙，有着数不尽的谜团有待我们去探索和破解。

关于人类大脑其实有许多神奇的事情，据报道，美国加利福尼亚大学的布鲁斯·米勒博士曾在人的大脑内成功地发现了"天才按钮"。米勒在自己的实验室里对72名因各种原因使大脑受过损伤的病人进行研究，发现了一个规律：一旦人的右颞下受过伤，就有可能变成某个领域的天才。比如，一名9岁的男孩在部分大脑受损后竟成了一名天才的力学专家；还有一位56岁的工程师，大脑右半球皮质的部分神经元因病受到损伤后却激发了绘画天分，成了一位大画家。米勒博士认为这是因为受损神经元坏死后，大脑"天才区"被压抑了一辈子的潜能被释放出来。当然，也有许多大脑受损后的患者失去了对过去的记忆，性格扭曲，甚至无法正常生活。

其实，我们每个人的大脑都是一座潜能金矿山，价值连城。只是大部分人从未认真了解和科学训练过它，不能把它的潜能淋漓尽致地发挥出来。

说到对大脑的研究，我们不得不提到一个非常著名的实验。20世纪50年代末美国心理生物学家斯佩里（Roger Wolcott Sperry）博士等人对割裂脑病人的脑功能进行了系统的研究。他通过"割裂脑"实验证实了大脑不对称性的"左右脑分工理论"，并因此荣获1981年诺贝尔生理学或医学奖。

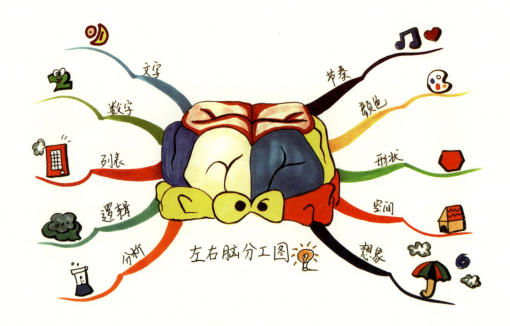

图1-3

左右两个半脑是以完全不同的方式在进行思考,左脑主要负责逻辑理解、记忆、时间、语言、判断、排列、分类、分析、书写、推理、抑制、五感(视、听、嗅、触、味觉)等,思维方式具有连续性、延续性和分析性,通常被称为逻辑脑、语言脑、理性脑和学术脑。

右脑主要负责空间形象记忆、直觉、情感、身体协调、视知觉、美术、音乐节奏、想象、灵感、顿悟,思维方式具有无序性、跳跃性、直觉性,通常被称为潜意识脑、创造脑、艺术脑和本能脑。

斯佩里认为右脑具有图像化机能,如创造力、想象力;与宇宙共振共鸣机能,如第六感、透视力、直觉力、灵感、梦境等;超高速自动演算机能,如心算、数学;超高速大量记忆,如速读、记忆力。右脑像万能博士,善于找出多种解决问题的办法,许多高级思维功能取决于右脑。

尽管右脑如此强大，但左右两个半脑并不是绝对独立工作，而是相互依存协同工作。其实，如果没有左脑，右脑就是一个"垃圾桶"。左半脑知道怎样处理逻辑，右半脑知道如何了解世界。两者结合在一起，人类就有了强有力的思考能力。只用任何一个半脑的结果是古怪可笑的。

绘制思维导图是充分调动左右脑协同工作的有效方式之一，因为在绘制思维导图的过程中，你不仅需要调动左脑进行有效的逻辑分析，更要调动右脑进行创造性的形象思维，集中注意力带动身体全方位地参与其中，并且需要动手将头脑中抽象的想法和创意绘制成一幅幅的图像笔记。整个创建过程既训练了左右脑，又提高了大脑与身体的整体协调性。

大脑是人体的神经中枢，人体的一切生理活动，如脏器的活动、肢体的运动、感觉的产生、肌体的协调以及说话、识字、思维、社交等，都是由大脑支配和指挥的。左右脑不同的生理机能就像一颗颗蕴含无限能量的"魔法石"或"智能开关"，需要我们更深一步地研究与激活，这样才能释放人类与生俱来的"天才脑"特质。

原来学霸都在这么做

爱因斯坦曾说："如果人们已经忘记了他们在学校里所学的一切，那么所留下的就是教育。让我们想一想，什么是一个人忘不掉的呢？显然，习惯是忘不掉的，因为习惯是一种相对稳定的、自动化了的行为。"

良好的学习习惯是在学习过程中经过反复练习形成并发展，成为一种个体需要的自动化学习行为方式。良好的学习习惯，有利于激发学生学习的积极性和主动性；有利于形成学习策略，提高学习效率；有利于培养自主学习能力；有利于培养学生的创新精神和创造能力，使学生终身受益。

我国著名的文学家、思想家鲁迅先生从小就养成了"时时早，事事早"的好习惯，这其中还有一个有趣的小故事。当年鲁迅在三味书屋中跟随寿镜吾先生学习。他13岁时，祖父被捕入狱，父亲长期患病，家里越来越穷。鲁迅每天要去当铺当完东西买完药才去上课。一日，鲁迅迟到了，老师生气地将他狠狠批评了一顿。鲁迅听了，没有为自己做任何辩解，而是点点头，默默回到自己的座位。第二天，他早早地来到学校，并在书桌的右上角用刀刻了一个"早"字。从此，鲁迅惜时如金，养成了"时时早，事事早"的好习惯。而正是这个好习惯，一直激励着鲁迅战斗一生。当然，这个故事并不是要让你学会在书桌上刻一个"早"字，而是把这种"时时早，事事早"的好习惯刻在心里。

叶圣陶先生说："教育是什么？往简单方面说，只需一句话，就是要养成良好习惯。"他在《习惯成自然》一文中又写道："习惯养成得越多，那个人的能力越强。我们做人做事，需要种种的能力，所以最要紧的是养成种种的习惯。"

接下来，让我们一起来领略学霸们的良好学习习惯吧！

按计划学习的习惯

学生的首要任务是学会"如何学习"，其次是学好学习内容，同时还有体育活动、交往等方面的内容。善于学习的人一般会有一个比较全面的学习计划，并且按计划进行学习。计划可以调整，但不可以放弃。计划一般包括每天的时间安排、考试复习安排和双休日、寒暑假安排。计划要简明，规定什么时间做什么，明确要达到的目标，这样的学习就会有的放矢。

专时专用、讲求效率的习惯

有些同学，学习"磨洋工"磨得厉害，平时看书、写作业，心不在焉，算算时间倒是耗得很多，效率不高。其原因就是没有形成专时专用、讲求效率的习惯。

学习，应该速度、质量并重，在规定时间内，按要求完成一定数量的任务。这个道理大家都明白，但真正要做到，并不是一件容易的事。大家应该记住，一旦你坐到书桌前，就应该及时进入适度紧张的学习状态。每次学习之后，要评价自己做得如何，必要时要得到老师及家长的督促。这样坚持下去，就能形成专时专用的好习惯，做到该学时学，该玩时玩。

独立钻研、善于思考的习惯

学习，最忌讳一知半解。要想学习好，必须养成独立钻研、善于思考、务求甚解的习惯。应该学会发散思维，养成联想的思维习惯。在学习中我们应经常注意新旧知识之间、学科之间、所学内容与生活实际之间的联系，不要孤立地对待知识，养成多角度地去思考问题的习惯，有意识地去训练思维的流畅性、灵活性及独创性。而思维导图恰恰在这方面会给你极大的帮助。

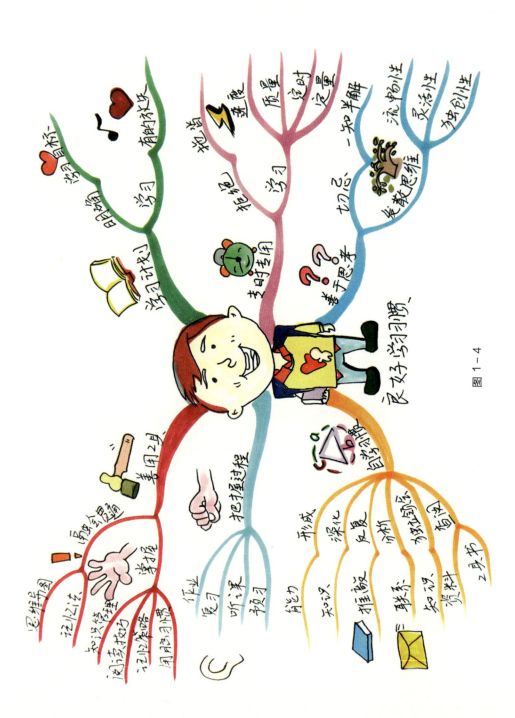

图 1-4

自学的习惯

自学是获取知识的主要途径。就学习过程而言，老师只是引路人，学生才是学习的真正主体，只有自己努力，学习才有真正的提高。学习中的大量问题，主要靠自己去解决。阅读是自学的一种主要形式，通过阅读教科书，主动查阅工具书和资料，可以独立领会知识，分析知识前后联系，反复推敲，理解教材，深化知识，形成能力。学习层次越高，自学越重要。高考为选拔有学习潜能的学生，对考生的自学能力一般都有较高的要求。

合理把握学习过程的习惯

学习过程包括预习、听课、复习、作业等多个环节，只有合理把握，才能收到良好的效果。比如，要养成认真预习的习惯。课前预习可以扫除课堂学习的知识障碍，提高听课效率。预习可以加强记课堂笔记的针对性，改变学习被动的局面。

善于借助"学习工具"的习惯

前面提到过学生的首要任务是学会如何学习。这里所讲的"学习工具"并不是指平时我们使用过的铅笔、尺子或圆规等，而是指一些可以综合提高我们学习能力的"学习力训练"，全方位掌握一些科学的用脑习惯、记忆策略、阅读技巧和知识管理的方法。目前，记忆法和思维导图已经成为许多"校园学霸"的必备高分神器。他们可以借助记忆法将大量需要记忆的知识点有效地存储在大脑里，然后再用思维导图管理这些知识点。把枯燥的文字笔记变成"图文并茂"的思维导图笔记，大大提高了学习兴趣和学习效率。

思维导图发明人东尼·博赞先生曾说："如果学习是一次作战，那么记忆术就相当于士兵手中先进的作战武器，而思维导图就相当于卓越指挥官的军事战略思想与作战方案。两者合二为一，将战无不胜"。可见，对于大部分在学习的海洋中苦苦挣扎的学生来说，这些训练必将成为他们赶超自己甚至是"竞争对手"的重要砝码。

另外，在学习中应当培养的优良习惯还有许多，比如有疑必问的习惯，有错必改的习惯，动手实验的习惯，细致观察的习惯，积极探究的习惯，练后反思的习惯，等等。只有养成了良好的学习习惯，学习才会变得轻松，学习的效率才会不断提高。

向成功者学习，这是你调整不良学习习惯的重要方式之一。

你的学习笔记该升级了

笔记越来越厚，成绩却不见提高，你受够了吗？

自从我们接受学校教育以来，在阅读或学习过程中，为了记住一些重要的知识点，我们养成了按部就班做常规笔记的习惯。然而，极少人能够意识到，传统的笔记形式有个致命的弱点，面面俱到，重点不突出，耗费大量时间和精力,更主要的是很少人愿意再次拿出来复习。当然,我们并不是建议大家摒弃传统的笔记形式,毕竟它也有着自己独特的优势和实用性。

思维导图又被称为"思维地图"或"学习地图"。这种全新的笔记形式,大大提高了大脑对笔记内容的记忆效率,从文字、色彩、线条局部、图像等多个角度释放大脑"多元化"学习的天性。左右脑协同工作,学习效率更高。

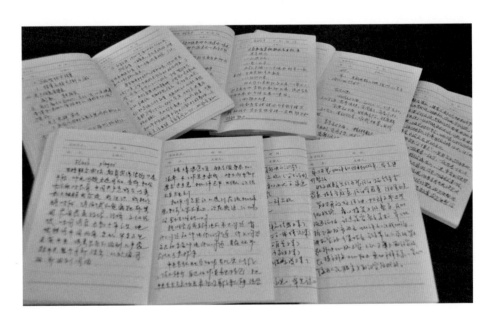

图1-5 传统线性笔记

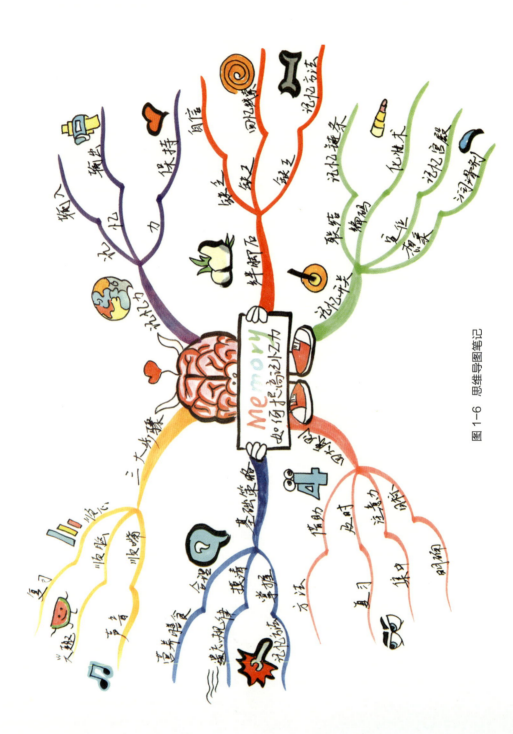

图1-6 思维导图笔记

接下来，我们利用表格对这两种笔记形式做个简单的对比。

表1-1 传统笔记与思维导图笔记对比

传统笔记弊端	思维导图笔记优势
埋没关键词，重点不突出，不利于记忆	关键词明显且突出，记忆效率高
枯燥无味，文字繁多，头脑压力大	图文并茂，形象有趣，头脑压力小
颜色单一，注意力不集中，容易疲劳	色彩丰富，聚焦注意力，缓解学习疲劳
知识架构零散，文字呈现，不利于传播	知识架构形象、直观，整体性强，利于传播
复习时间长，效率低下，复习压力大	复习时间短，效率高，复习压力小

传统笔记相当于描写风景的大篇幅文字，而思维导图相当于一张具象的彩色风景照片，所谓"一图抵千言"。思维导图让大脑的想象力一下子打开，激活大脑艺术天赋，新的创意与想法层出不穷，不需要跟大脑废话，把想法直接用思维导图"画"出来，一目了然。

提到用思维导图做笔记，让我想起了一个学生——尚千隆。他在班级里的学习成绩本来就已经名列前茅了，每次考试基本上都在班级前五名左右。我们都知道，对于一个学习成绩已经不错的学生来说，要想提高成绩并不是一件简单的事情，有时候提高1分都很困难。不过，尚千隆是一个善于尝试新东西的孩子。在系统掌握思维导图之后，他将自己过去的线性笔记全都"转化"成了思维导图笔记，一方面系统复习了知识点，另一方面又全面梳理了知识结构，更重要的是学会了借助思维导图管理自己的"大脑知识库"。他在后来的考试中，基本上稳坐第一名。他还在自习课上把这种方法分享给班级里的同学，是个不折不扣的"明星小教练"。

另外一个学生也比较有特点，他叫孟凯，一个学习成绩处于中下游的同学。说实话，他是一个好玩，对学习并不太感兴趣的孩子，是班级里老师"点击率"最高的学生。不过，他在接触了思维导图之后却表现出了惊人的学习兴趣，并找回了自信。因为思维导图是通过动手"画"来整理"学习笔记"的，他用思维导图来预习和背诵语文课文，取得了非常好的效果。不过，老师还是会经常点他的名字，但不是因为他上课调皮，而是因为他学习成绩不断进步。后来老师把他的思维导图作品贴在班级的黑板报上供其他同学参考学习。

还有楚儿，一个性格比较内向的女孩。她在学习反馈中这样写道："正是因为学了思维导图，我的成绩与其他方面都有了大幅提升。在那之前，我的归纳总结能力不太好，总是吞吞吐吐地说不出文章的主要内容，说出来的也不准确，所以经常在考试中丢分。但自从学了思维导图之后，一篇文章的主要内容我能脱口而出，而且说出来还是正确的。我的期末考试取得了优异的成绩，考进了年级前十名，可以说一半分数都是思维导图给我的。"

思维导图发明人东尼·博赞先生曾说："人的思考被局限在由单色笔写就的一行行文字的'监狱'之中。"在他看来，人类大脑的工作机理是想象和联想，是发散状的，是图形化的。但人们几乎都被训练成用一行行的文字进行思考和记录。他发明的思维导图，试图把人们的大脑从"监狱"中解放出来。

相信下一个通过思维导图掀起"学习革命"的就是你。

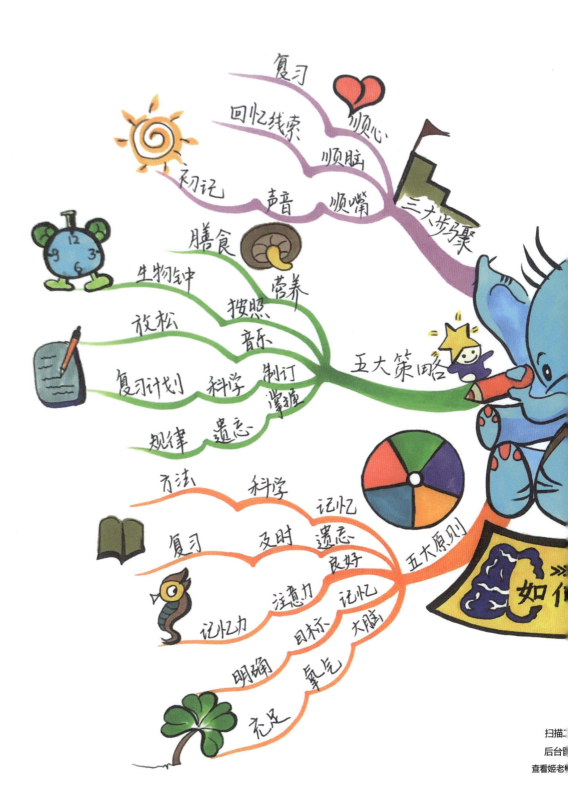

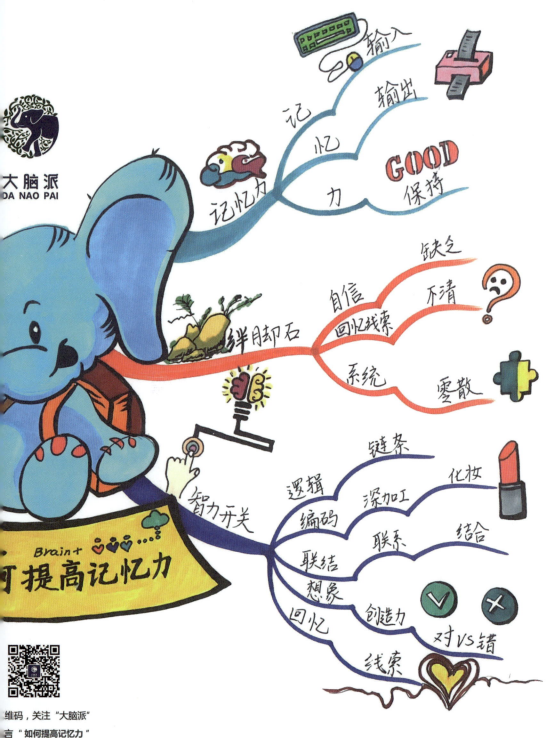

第二章

解密『天才笔记』——思维导图

"天才笔记"思维导图的诞生
思维导图初学者常见的三个误区
这都是思维导图干的好事
学会发散思维，秒懂思维导图

"天才笔记"思维导图的诞生

思维导图因其应用广泛，又被形象地称为"大脑瑞士军刀"。它是一种将我们大脑中抽象的思考过程通过"图文并茂"的发散结构形象化地展现在一张白纸上的笔记方法。它简单却又极其有效，是一种革命性的思维工具。

思维导图运用左右脑的机能，利用记忆、阅读、思维的规律，协助人们在科学与艺术、逻辑与想象之间平衡发展，从而开启人类大脑的无限潜能。从另外一个角度来讲，思维导图也是实现全脑开发非常简单、有效的工具。

20世纪90年代，曾经有一本叫作《学习的革命》的书风靡一时。书中用大量篇幅介绍了思维导图这一行之有效的学习工具——一个好像大树的枝杈、有着五颜六色的符号和文字的图文笔记。

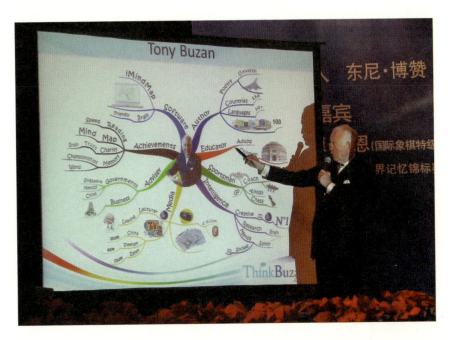

图 2-1　东尼·博赞先生在用思维导图进行自我介绍

思维导图的发明者是英国人东尼·博赞教授。博赞先生 1942 年生于英国伦敦,是英国大脑基金会总裁,世界著名心理学家、教育学家。他曾因帮助查尔斯王子提高记忆力而被誉为英国的"记忆力之父"。他又因发明"思维导图"这一简单易学的思维工具而闻名世界,被誉为"世界大脑先生"。同时,他还是有"脑力奥运会"之称的世界脑力锦标赛的发起人。他所引领的"大脑革命"正在席卷全球。

在我研究思维导图的过程中,也了解到东尼·博赞发明思维导图的故事。东尼·博赞很小的时候,非常喜欢学习和记笔记。然而十几岁时,他的成绩却变得一团糟。他像身边的很多孩子一样,开始讨厌与学习有关的一切事情,特别是写作业和记笔记。他发现了一个奇怪的现象,笔记越多,他的学习成绩和记忆力反而越差。为了改善这种糟糕的状况,他开始在关键的词语和句子下面画上红线,并将重要的知识点画上方框。他的记忆力竟然奇迹般地提高了。

尽管如此,大学一年级的时候,东尼·博赞依然被记忆和考试的难题困扰着。就在那时,他开始被希腊人所吸引,因为他知道,希腊人曾经发明了一套记忆法,能帮助人们快速准确地记住很多事情。他通过学习记忆法发现,希腊人的这种记忆方式充分调动了大脑的想象力和联想能力,而且这正是他的笔记所缺乏的!这一发现,让他非常兴奋。

看到其他人都在单色、枯燥的传统笔记中痛苦挣扎,他决心一定要依靠自己全新的笔记方式挣脱出来。这一想法,为他日后发明思维导图打下了坚实的基础。要么随波逐流,要么逆流而上,他选择了后者。

在经历了大量的笔记实践之后,他渐渐意识到,人类的大脑需要通过一种全新的笔记方式或思维训练工具,用以清除头脑中巨大的学习障碍。于是,他开始去寻找一种思维工具。

东尼·博赞大学二年级那年,有一天他兴冲冲地来到学校图书馆,问图书管理员,在哪儿可以找到一本讲解如何高效使用大脑的书。图书管理员立即建议他去医学图书专区。博赞跟她解释说:"我不是要给大脑做手术,只是想知道如何能够更高效地使用大脑。"那位漂亮的女管理员很客气地对他说,没有此类的书籍。于是,他十分惊奇地离开了图书馆。

不过,那天他走出图书馆的时候,突然意识到,找不到所需要的书,表面上看起来是件坏事,实际上反倒是件好事。因为,如果没有这类的书籍,那他就正好找到一个研究的冷门,而且这个领域非常重要。

于是,他开始学习心理学、大脑神经生理学、神经语言学、助记法、感知理论、创造性思维和脑科学。他渐渐地发现:如果让人类大脑的各个功能彼此协同工作,而不是彼此分开,其工作效率将会更高。

可是，又有谁知道，1971年东尼·博赞还是一个每天只挣10英镑的落魄青年。20世纪70年代初期，博赞以兼职教师的身份开始了思维导图的推广事业，他专教一些被认为是"不良少年""落后生""问题少年"的学生，而且教学效果非常明显。令博赞没有料到的是他的家教事业发展得十分迅速。于是他开始出版书籍、上电视，让更多的人了解思维导图。

其间，一个令博赞的事业发生转折的机会出现在他的面前。博赞的思维导图在学习领域的成就引起了英国广播公司（BBC）的关注，他们预约博赞做一个10分钟的节目。但在节目就要开始录制时，BBC方面却临时改变了计划。一个工作人员走出来，跟他解释说：由于节目调整，我们只能给你两分钟的时间，你的学生将不能发言。博赞回应他们说：如果你们要找马戏团表演，到大街上去找，我不是演马戏的，我讲的是人类的大脑，如果你不给我10分钟的时间来讲人的大脑，我就离开。

然而，巧合的是，去录制节目的博赞的学生正是BBC的工作人员。于是，他把博赞介绍给了BBC的总编。没多久，博赞得到一个录制30分钟节目的机会，在策划会上博赞画了一幅有关节目制作的思维导图。BBC的负责人看着这幅思维导图说："我说，年轻人，这张思维导图的内容应该能做10期节目。""是的，先生。"博赞回答。BBC负责人坚定地说："非常好！就做10期节目。"

之后，博赞与他的思维导图开始风靡全球！英国著名的《泰晤士报》曾经评价："东尼·博赞让人类重新认识大脑，如同斯蒂芬·霍金让人类重新认识宇宙。"

思维导图初学者常见的三个误区

你的大脑是一个非凡、超能的人体CPU，它有无穷的想法和创意。如何将它们从大脑里挖掘出来，帮助人们更好地学习与思考，是我们一直在探索的问题。而思维导图这种革命性的视觉化思维方式，可以更大限度地释放左脑逻辑性思考能力，同时充分激活右脑创造性思维。

然而，对于许多思维导图初学者来说却常常存在这样三个误区。

误区一：把思维导图课当成绘画课，担心自己学不会

对于初学者来说，首先需要明确一个事实，那就是：思维导图绝不是绘画课。只是在创建思维导图笔记的过程中，需要通过一些简单的线条结构和图像来辅助思考。既然思维导图不是绘画课，所以，即使你绘画能力零基础，一样可以通过正确训练掌握这一思维工具。当然，我们也不得不承认，如果你有一定的绘画基础，在思维导图学习过程中，肯定会稍稍占有一点优势。

误区二：把所有图文笔记都称为思维导图

思维导图一定包含图像和文字，但有图像和文字的笔记形式却未必是思维导图。就像人有五官，但有五官的未必是人，是同样的道理。思维导图

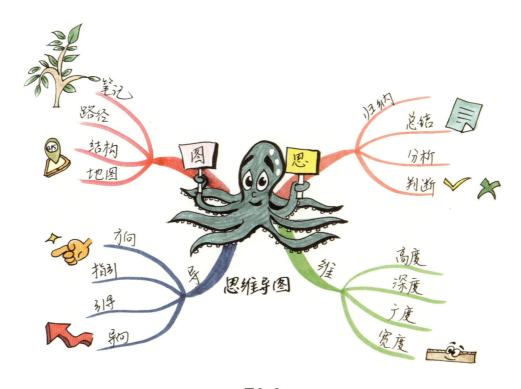

图2-2

有着严格的创建要求，一幅标准的思维导图要具备两个基本的视觉特点：一是图文并茂，即有图像和文字；二是整体必须是颜色丰富的发散结构，像多棵大树聚集在一起的样子。

如果我们看到的思维导图作品不具备以上两个基本特点，说明它一定是一幅假的思维导图。

调查发现，许多初学者经常把气泡图、逻辑图、鱼骨图等与思维导图混为一谈。尽管气泡图、逻辑图和鱼骨图也有它们的独特之处，但我们不能把它们也称作思维导图。因为，它们并不符合思维导图的创建要求。所以，切记千万别把所有图文笔记都称为思维导图。

误区三：为了画思维导图而画

这是思维导图学习者最常犯的错误，为了画一幅漂亮的作品，而忘了画思维导图要解决的问题。这里我们再次明确一点：创建思维导图绝不是为了画一幅漂亮的作品，而是围绕你的目标来解决问题。也就是说，在你创建思维导图之前，首先要想清楚你要解决的问题是什么。比如，通过思维导图整理课堂笔记，用思维导图规划学习，用思维导图记忆课文等。思维导图创建完毕后，问题有没有解决，这是我们要去认真思考的。当然，既解决了问题，作品本身在视觉呈现上又美观，肯定是一件两全其美的事情。但如果只是看起来美观，实际上并没有解决问题，则说明这幅思维导图还不够实用。美与丑，只是我们大脑的一种主观要求而已。所以，归根结底视觉表达是"技法"，而解决问题是"心法"，是创建思维导图的终极目标。

这都是思维导图干的好事

前世界首富、微软公司创始人比尔·盖茨曾说："思维导图能够将众多的知识和想法连接起来，并有效地加以分析，从而最大限度地实现创新。"思维导图的能量是无穷大的。它几乎可以渗透到你生活的每一个角落。对博赞来说思维导图最大的好处是可以厘清思路，同时他也强调：

"但这并非思维导图的全部好处，它可以帮你提高记忆力好几倍，并且可以帮你发展创造力。"

如今，全世界已有近3亿人正在使用思维导图，并且每天都在以惊人的速度增加，其中包括儿童、学生、家庭主妇、教师、工程师、经济学家和知名企业等。

对于学生而言，思维导图的主要作用在于：

- 提高左脑逻辑思维的全面性和系统性。
- 激活右脑形象思维能力。
- 激活大脑"天生的"创新、创造力，成为"智多星"。
- 帮助个人建立可视化的"学习笔记"。
- 帮助个人预习课文，将考试重点"一图打尽"。
- 调动大脑快速收集，并处理大量零散的知识点。
- 帮助个人提高整体记忆效率，摒弃死记硬背的痛苦。
- 帮助个人裂变素材，实现快速写作。
- 做完美学习规划与总结。
- 成为群策群力的高手，迅速剖析问题，并把握全局。
- 有条不紊地推进学习，成为"学霸级"人物。

思维导图其实一点也不神秘，它看起来就像一棵棵挂满果实的花花绿绿的大树。当你在纸上随意涂鸦时，你一定画过类似的图形。任何一点闪光的念头都能成为思维导图上的一个要素。那些伟大的思想并不一定像公主一样打扮得整齐而优雅，甚至有时候看起来就像是一个杂乱的线团。正是由于我们不屑于记录那些一闪而过的灵感和思想的萌芽，才让这些智慧的火星和我们擦肩而过。在博赞先生看来，思维导图的威力正是因为潜移

图 2-3

默化地调动和运用了右脑被埋没的智能,才得以帮助学习者实现全脑开发,达成学习目标。

学会发散思维,秒懂思维导图

发散思维(Divergent Thinking)是指大脑在思考时呈现出的一种扩散状态的思维模式,它表现为思维开阔,呈现出多维发散状。如"举一反三""一题多解""一事多写""一物多用"等方式都可以培养发散思维能力。不少心理学家认为,发散思维是激发大脑创造性思维的最主要途径,是测定创造力的重要标志之一。

图2-4

发散思维是创建思维导图的核心原理,所以我们看到的每一幅标准的思维导图作品一定是发散状的。博赞先生曾提到:"你记录信息的方式越贴近大脑自然的工作方式，你的大脑就越能高效地触发对关键信息的记忆和理解效率。"而思维导图这种图文并茂、颜色丰富的发散性思维笔记，和我们的大脑以同样的方式工作，所以它可以充分调动大脑在思考过程中的积极主动性。因为，兴趣才是大脑最好的老师。

下面我们通过两个具体实例，来了解发散思维。

举例1： 当你听到或看到"高兴"这个词时，你的大脑可以联想到哪些信息？

高兴

请你把通过"高兴"一词所联想到的信息，填写到下面的迷你思维导图内。

图2-5

这里我们要特别强调一点：通过发散思维所联想到的"答案"是没有对与错的。所以，你可以尽可能多地去大胆联想，只要填写的信息和"高兴"之间有关联性，而不是不假思索的"胡诌八扯"。

图 2-6

通过"高兴"一词，我们大脑联想到的信息或许有：家人、朋友、老师、满分、美食、玩具、运动、旅行。在迷你思维导图分支上填写的信息不是固定的，每个人都可以有自己的答案，数量也可以更多，这就是一个最简单的发散思维过程。

举例2： 当你看到下面的圆形结构时，你的大脑可以联想到哪些图像？

图 2-7

尽可能发挥你的想象力，找到更多与圆形相关的信息，如图所示：

图2-8

其实，发散思维很简单，就是"找关系"，即找到一个信息和多个信息之间的关联性。既有逻辑性，偶尔也有点天马行空。比如，提到"高兴"我可以联想到"太空"，假设自己可以遨游太空，那会是多么高兴的一件事情。再比如，看到圆形，我可以联想到"飞碟"，UFO（不明飞行物）一直都是人类未解之谜。

传统的发散思维在大脑中是抽象的思考过程，有时候很多想法转瞬即逝，容易遗漏。而用思维导图进行发散思维的过程是具体的，是可以看得到，甚至摸得着的，每个想法都可以挂在树枝上。俗话说"好记性不如烂笔头"。

创建思维导图就是把"多层级"的发散思维过程，环环相扣地画出来。因为，每个分支上的关键词都有着无尽的可扩展性，即发散性。比如，提到"家人"，可以想到：爷爷、奶奶、爸爸、妈妈；提到"朋友"可以想到自己身边的朋友都有谁等。最后如下图所示：

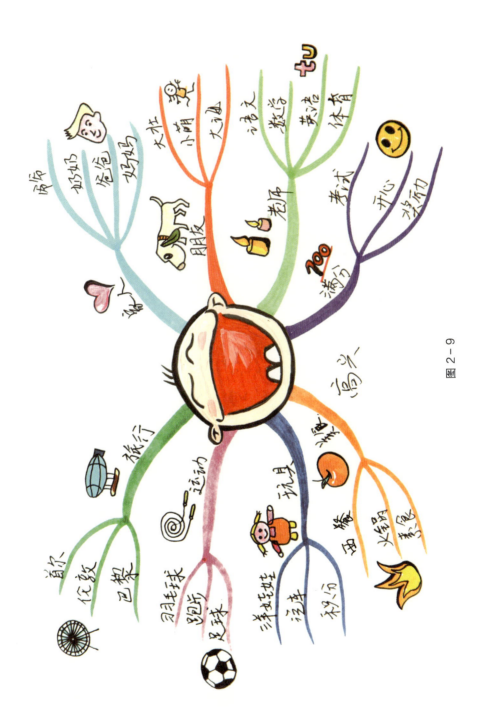

图 2-9

想象是人脑创新活动的源泉，联想使源泉汇合，而发散思维就为这个源泉的流淌提供了广阔的通道。发散思维的主要功能就是为随后的收敛思维提供尽可能多的解题方案。这些方案不可能每一个都十分正确、有价值，但是一定要在数量上有足够的保证。

严格意义上讲，发散思维是永无止境的，但在实际解决问题过程中是具备"收敛性"的，一般3～4级发散就可以找到自己想要的答案。

经常有思维导图爱好者问：发散思维有时候随机性很强，想到的角度很多，甚至有些杂乱，如何在解决问题的过程中，提高发散思维的实用性？接下来，我就给大家分享一个能够轻松解决这个问题的绝世小工具——九宫格。

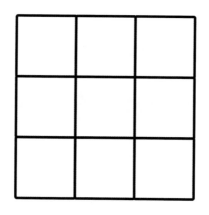

图2-10

九宫格的使用技巧非常简单，你只需要把中心关键词写在九宫格的最中央方格里，然后通过发散思维将周围的八个空缺的方格填满。如果你联想的角度很多，八个空缺的方格不够，你还可以再增加一个九宫格继续填写。

苹果	西瓜	菠萝
橘子	水果	葡萄
榴莲	木瓜	香蕉

图 2-11

使用九宫格进行发散思维的好处在于，填写完中心关键词后，外围空缺的方格有利于激发大脑主动联想，因为我们的大脑有追求完整的机能，看到有空缺的方格，大脑就会觉得很别扭，总觉得里面应该填些什么，如果已经填写了六个，大脑会想尽办法再想两个，直到填满。即使最终没有想到八个，你的大脑也会尽全力联想，从而防止大脑习惯性偷懒。比如中心主题是"我想去旅行"，利用九宫格发散思维，想想自己非常想去哪些国家旅行。

美国	英国	法国
	旅行	韩国
	新加坡	日本

图 2-12

图 2-13

有了充足的思考角度，大脑再根据实际情况，在九宫格里做出有效选择，比如，自己综合考虑之后，决定要去四个从来没去过的国家，那就需要在有效角度旁打一个"√"。然后，再用思维导图把每个有效角度多层级发散。这样就大大提高了发散思维的实用性，解决问题更聚焦，不至于思维过于发散，没有主线。

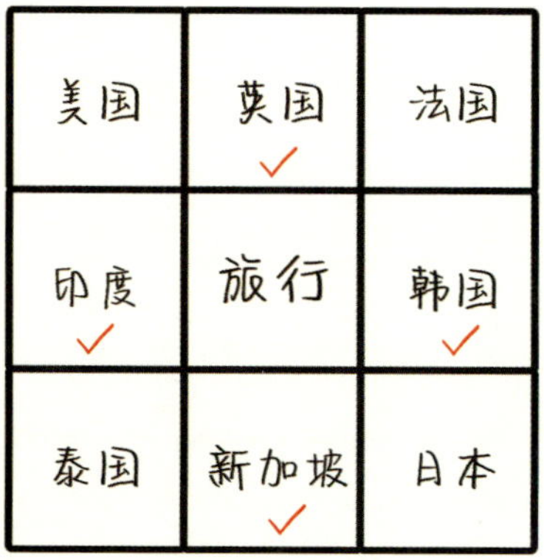

图 2-14

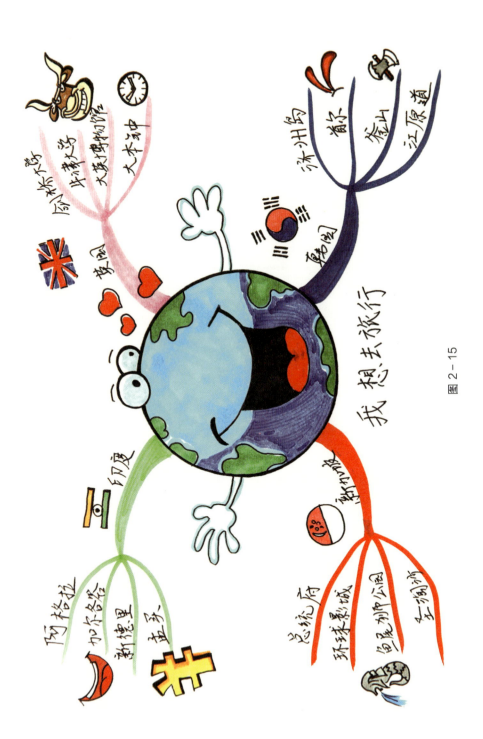

图 2－15

请根据以下九宫格中的中心关键词发散思维,填满周围空缺方格。

	学校	

图2-16

	家长	

图2-17

第三章

刨根问底拆解思维导图

种子的力量——中心图

枝干的力量——分支

叶子的力量——关键词

花朵的力量——关键图

色彩的力量——颜色

种子的力量——中心图

创建思维导图的过程就像玩"拼图游戏",我们把大脑中与中心主题相关的信息筛选出来,并有条不紊地挂在不同的树枝上,最后我们就得到了一幅图文并茂的"思维地图"。根据这幅"地图",我们就能还原出大脑的整个思考过程,并且可以更高效率地向同学或老师传达我们的想法和思路。

我们都知道,在玩任何拼图游戏之前,必须要知道整幅图像是什么样子,这样才能更好地完成拼图任务。在前面的章节中,我们已经对思维导图作品有了很深刻的视觉认识。尽管每一幅思维导图的"长相"都不一样,但是它们的表现形式却是相同的。就像我们每天换洗的衣服,虽然风格不一样,但整体结构都是差不多的。

一幅标准的思维导图要具备两个基本的视觉特点:一是图文并茂;二是整体必须是颜色丰富的发散结构。下面,我们就来详细认知一下思维导图的五个重要组成部分,它们分别是:中心图、分支、关键词、关键图和颜色。

图3-1

中心图是整幅思维导图中"个头"最大的图像,位于思维导图的中央位置,主要用来表达整幅思维导图的中心思想,相当于课文题目。它像种子一样,种在纸张最中央,然后发芽、开花、结果,最后就成长为一幅图文并茂的思维大树。

中心图不是凭空想象出来的,而是由你所要表达的内容来决定。比如,你想要创建一幅关于"节约用水"的思维导图,你就可以把中心图画成一个"水龙头"。如果你想绘制一幅关于"读书心得"的思维导图,你就可以画"一本书"。所以,在确定中心图之前,你必须首先确定要表达的核心内容是什么,也就是先聚焦画这幅思维导图要解决的问题是什么。因为,中心图是创建思维导图的"起跑线"。

确定中心图有一个技巧,就是抓住大脑的"第一印象"。比如,提到"健康饮食",我们可能会想到自己喜爱吃的水果或蔬菜。那么,你就可以把它们绘制成中心图。当然,不需要画全部,选择你爱吃的或容易画的就可以了。所以,第一印象是确定中心图的关键,因为中心图是我们创建思维导图时的起点。可能会有朋友认为自己绘画功底不好,不过也请大家不要担心,毕竟思维导图不是绘画课。一切皆是熟能生巧,而且最重要的不是你画得多漂亮,而是你画的中心图是否与中心主题有明确的关联性。有的时候,越简单,越容易记忆和理解。

图3-2

另外,绘制思维导图时,纸张一定要横向摆放。因为,这样可以拉大左右视觉宽度,大脑开阔性强,压抑感小,给发散思维充足的空间,线条布局容易。所以,显示设备一般是横向的,如电脑屏幕、电视屏幕、投影幕布等。当然,最本质的原因是,因为我们的两只眼睛是横着长的。如果我们的眼睛是上面一个、下面一个,估计就要垂直摆放纸张了。

接下来，我们具体了解一下创建中心图的基本规则：

（1）纸张横向摆放，中心图要画在纸张的最中央，聚焦思考目标。

（2）中心图是整幅思维导图中最大的图像，大约占到纸张的1/12~1/9。中心图如果小于纸张的1/12，在分支布局时结构就会过于紧密，大脑不够放松。如果大于纸张的1/9，就会造成分支布局空间不足。

（3）中心图颜色要在三种或三种以上，增加视觉冲击力和图像厚重感，加深记忆。

（4）中心图能够清晰表达思维导图的中心主题，图像要具体、形象，或有创意。

举例： 画出"环境保护"这个中心主题的中心图。

思路：当我们看到或听到"环境保护"这个中心主题时，抓住第一印象，启动大脑联想找到与之相关联的图像，比如"地球"（如图3-3所示）。这样我们就轻而易举地得到一个中心图。当然，如果你的第一印象联想到的是"一片沙漠"，它也可以作为中心图来使用。

图3-3

仔细想一下，我们能不能让中心图更加生动有趣，视觉上更富有冲击力，让大脑更感兴趣呢？答案是肯定的，只要你稍微发挥一下想象力就一定能做到。比如，我们可以给"地球"画上眼睛、鼻子、嘴巴，涂上厚重的颜色等，这样我们就得到了一个生动、有趣、具有视觉冲击力，并且能够鲜明表达中心主题的中心图了（如图3-4所示）。

图3-4

中心图拓展训练： 请将以下中心主题按照规则画成中心图。

1. 自我介绍　　2. 我爱阅读　　3. 旅行计划
4. 友谊万岁　　5. 我的家庭　　6. 时间管理

枝干的力量——分支

分支是整幅思维导图中视觉冲击力最强、数量最多的线条。它就像高楼大厦的钢筋混凝土结构,支撑起整栋大楼的所有装修材料。思维导图中的分支也像一棵一棵的大树,集中在中心图上,形成一片旋转的果园。分支之间通过合理的间隔,将不同的信息挂在不同区域、不同层级的树枝上,让我们一目了然地看到分支上关键词之间的关系。

分支是发散思维的产物,它把我们头脑中不同角度的想法和观点,通过层级关系表达出来。与中心图相连且最粗大的分支叫主分支,然后是二级分支、三级分支等。主分支的数量是由有效思考角度的数量决定的。

举例,假设我们要画一幅"我的家人"为中心主题的思维导图,而目前家里的成员有爷爷、奶奶、爸爸、妈妈、自己、弟弟六个人的话,那么这幅思维导图最少要有六条主分支。如图3-5所示。

仔细观察上面的思维导图,可以看出每条分支,尤其是主分支,线条要由粗到细、自然弯曲,既缓解了阅读时的视觉疲劳感,又可以带动阅读时的视觉走向。就像一根细长的手指,指引我们观察的方向。主分支的颜色和其后面的次级分支颜色统一,即主次统一。而且,在同一幅思维导图中主分支颜色尽量不重复,主要用以区分不同主题的分支内容,相当于不同果树结出不同的果实,方便大脑分辨。

图 3-5

另外,分支不能垂直,因为每条分支上都要填写关键词,分支要起到"托举"的作用。如果从心理学的角度来解读,不垂直的分支安全性高,可以摆放东西,即填写关键词。垂直的分支关键词只能死死地抱在分支上,像猴子爬杆,比较累,容易脱落。关键词更像小鸟,它要站在枝头上,而不是倒立在树枝上。

第一条主分支是在 1 点钟方向画出来,然后按照顺时针进行排列。因为,大脑按照顺时针方向阅读时会更自然和轻松,整个阅读路径就像画了一个圆。

图3-6

接下来,我们来梳理一下创建分支的基本规则:

(1) 主分支要与中心图相连。

(2) 主分支要由粗到细、自然弯曲,且分支颜色主次统一。

(3) 分支要连在一起,不能断开。

(4) 分支不能垂直。

(5) 分支长度大约等于关键词的长度,合理利用空间。

(6) 分支布局要间隔有序,方便大脑阅读。

需要特别提醒的一点是，在分支布局过程中，当从右侧空间布局到左侧时，要从左下角引出主分支（如图3-7所示），二级分支尽量也由下而上进行布局，这样整体分支布局都是顺时针，阅读路径更加流畅。博赞先生在这一点上并没有刻意要求左侧二级分支非要"由下而上"。我在个人实践过程中发现，如果我们养成了左侧分支全部"由下而上"布局习惯后，阅读效率确实有很大提高。

分支拓展训练： 请在白纸上画出一幅有六条主分支的思维导图布局结构，如图3-7所示。

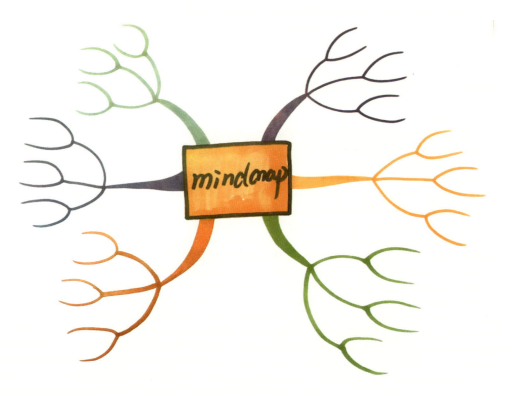

图3-7

值得学习的、好玩、有趣的创意分支：

图3-8

需要避免的一些分支布局方式：

（1）主分支与中心图断开，视觉记忆缺乏整体性。

图3-9 符合标准的　　　　　　图3-10 需要避免的

（2）分支没有连在一起，缺乏整体性和连贯性。

图3-11 符合标准的　　　　　　　图3-12 需要避免的

（3）分支垂直，造成阅读障碍。

图3-13 符合标准的　　　　　　　图3-14 需要避免的

（4）没事就拐弯，打乱了流畅的发散结构。

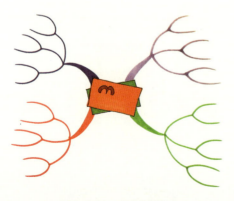 

图3-15 符合标准的　　　　　　　图3-16 需要避免的

叶子的力量——关键词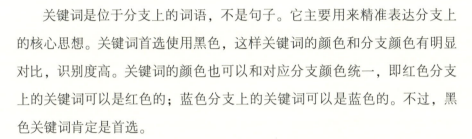

关键词是位于分支上的词语,不是句子。它主要用来精准表达分支上的核心思想。关键词首选使用黑色,这样关键词的颜色和分支颜色有明显对比,识别度高。关键词的颜色也可以和对应分支颜色统一,即红色分支上的关键词可以是红色的;蓝色分支上的关键词可以是蓝色的。不过,黑色关键词肯定是首选。

关键词要写在分支上,并贴近分支写。问题是关键词从何而来?关键词的第一种来源是发散思维,比如通过"季节"这个关键词,我们可以发散思维联想到"春、夏、秋、冬"等。关键词的另外一个来源就是在阅读的内容中提取。比如,"我最喜欢踢足球",关键词是"我、喜欢、足球"。在句子中提取关键词有两个核心原则:一是主语一定是关键词,比如"我";二是动词或形容词的后面一定有关键词,比如"足球"。形容词和动词一般不是关键词,比如,"踢足球"的"踢"就不是,因为足球是用来"踢"的,不是用来"啃"的,"踢"是可推导的动词。

在分支上填写关键词要遵循"一线一词"的原则,不要填写短句或长句。因为,单个关键词的发散性更强。比如,"红色"要远比"红色的水果"发散的角度更加丰富。

关键词的大小要从主分支开始写,由内到外依次变小,如图 3-17 所示。

图 3-17

关键词之间有三种基本关系，一种是推导关系，一种是并列关系，一种是混合关系。关键词之间的关系决定了在创建思维导图过程中分支的布局结构。推导关系的关键词一般是环环相扣的分支布局，如图 3-18 所示。

举例： 我正在背诵一篇课文。

关键词：我、背诵、课文

图 3-18

并列关系的关键词一定是发散性结构，像伸开的手掌一样，如图 3-19 所示。

举例： 明天考试要考的科目有语文、数学、英语。

关键词：考试、语文、数学、英语

图 3-19

混合关系的关键词在分支布局时，结构像一棵参天大树，将关键词进行准确分类，如图 3-20 所示。

举例： 幸福是母亲的叮咛，幸福是老师的问候，幸福是朋友的关心。
关键词：幸福、母亲、叮咛、老师、问候、朋友、关心

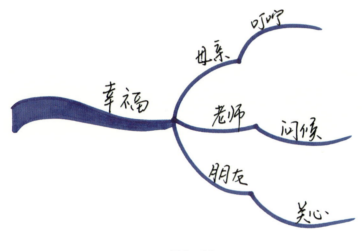

图 3-20

通过观察上面的关键词布局结构，聪明的同学可能一眼就能看出，从主分支开始关键词由内向外依次变小，整体呈发散状，主分支上的关键词是分支结构内最大的文字。由大到小的关键词变化，可以更好地引导阅读路径，大脑更放松。

下面，我们来梳理一下关键词的基本要求：

（1）关键词首选使用黑色，其次是与分支颜色统一。

（2）关键词要写在分支上面，并贴近分支写。

（3）一条分支上只写一个关键词，即"一线一词"。

（4）关键词从主分支开始，由内向外依次变小。

关键词布局拓展训练： 请提取出以下句子的关键词，并用分支布局出来。

(1) 她最大的爱好就是阅读。

(2) 动物是人类的朋友。

(3) 出门时，记得带上手机、钥匙和钱包。

(4) 他戴着黑布小帽，穿着黑布大马褂，深青布棉袍。

(5) 我的梦想是带着家人一起环游世界。

(6) 同桌最喜欢的明星是易烊千玺，最喜欢的电影是《红海行动》。

花朵的力量——关键图

关键图是零散分布在思维导图中的小图像。它是思维导图中的"记忆标签"，可以起到辅助记忆的强大作用，同时又可以用来标记重要的分支位置。关键图可以替换分支上的关键词，也可以两者同时存在，达到图文并茂的视觉效果。关键图一般画在对应关键词的上面。如果把思维导图比作是一株玫瑰，分支是枝干，关键词是叶子，那么关键图就是枝头那朵盛开的玫瑰花。它不仅耀眼夺目，而且可以增加阅读过程中的趣味性，使视觉不容易疲劳，大脑注意力也更加集中。

有了关键图的分支布局，大脑兴趣更浓厚，注意力更集中，对于分支上关键词的记忆和理解也就更加深刻。

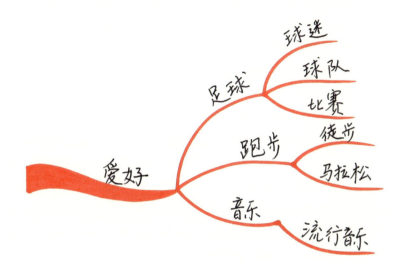

图 3-21 没有关键图的分支

图 3-22 有关键图的分支

关键词有两种：形象词和抽象词。形象词几乎都是我们现实生活中相对应的物品名称，所以在进行"文图转化"的过程中就变得相当简单。例如，关键词"杯子"，我们只需要将其转化成与之相对应的基本图形就可以了。抽象词是大部分思维导图初学者最难转化的信息之一。如何才能把抽象词转化成形象的图像信息呢？

其实很简单，首先我们将抽象词转化成形象词，然后再转化成图像，或者用图像直接替换抽象词。

举例： 将芳香、信用、雪白、留恋、结果五个关键词画成图像。

芳香——采用"替换"的方法把它联想成鲜花的图像。

图 3-23

信用——采用"加减字"的方法把它联想成信用卡。

图 3-24

雪白——采用"倒字"的方法把它联想成白雪。

图 3-25

留恋——采用"谐音"的方法把它联想成榴莲。

图 3-26

结果——采用"望文生义"的方法,即抓住第一印象,把它联想成苹果。

图 3-27

接下来，我们来梳理一下关键图的使用规则：

（1）关键图一般画在对应关键词的上面。

（2）关键图颜色要在两种或两种以上。

（3）关键图要具体，形象。

（4）关键图不超过中心图的大小。

关键图拓展训练： 请将以下关键词依次画成关键图。

| 开心 | 太阳 | 游戏 | 灯泡 | 运动 |
| 读书 | 交通 | 考试 | 奖杯 | 时间 |

色彩的力量——颜色

梵高说："没有不好的颜色，只有不好的搭配。"颜色是通过眼、脑和我们的生活经验所产生的一种对光的视觉效应。每个人喜欢的颜色各有不同，对同一种颜色的心理反应也不一样，就像我们会选择不同颜色和风格的衣服是一样的道理。有人最喜欢红色，也有人最讨厌红色。只有适合自己的，才是最好的。

我们生活在一个五彩缤纷的大千世界里，颜色在我们的生活里有许多特殊的作用和意义。交通信号灯是我们在马路上常见的，它为什么是由红、黄、绿三种颜色组成的呢？因为，红色光的波长比较长，所以红灯十分醒目，作为警示灯最合适；绿色光的光线比较柔和，与红色光形成鲜明的对比，所以用绿灯表示可以安全通行；黄色灯的散射强度比较大，所以黄灯很适合在红灯和绿灯相互切换时起到提醒的作用。

另外，还有工人佩戴的黄色安全帽，黄色帽顶象征交通红绿灯的黄灯，也是表示警示。因为黄色较之其他颜色醒目，同时给人很温暖的感觉。

颜色在思维导图中有什么作用呢？

（1）活化大脑，让思维导图整体有活力。

（2）集中注意力，不枯燥，大脑感兴趣。

（3）缓解视觉疲劳，不无聊。

（4）分类信息群，不同颜色区分不同的信息。

下面，我们梳理一下在画思维导图过程中颜色的使用规则：

（1）中心图颜色要在三种或三种以上。

（2）分支颜色要有跳跃性，色差明显。

（3）关键词首选使用黑色，其次是与分支颜色相同。

（4）关键图颜色要在两种或两种以上。

（5）整体颜色越自然，大脑越放松。

其中的颜色要有跳跃性，就是相邻分支颜色色差要大。比如，大红色主分支、暗红色主分支、枚红色主分支等，这几种颜色都属于同一种色系，不容易区分，大脑容易疲劳。如果换成红色、蓝色、绿色、橘色、紫色等有明显色差的分支，那么视觉体验就会很舒服，而且不容易疲劳。

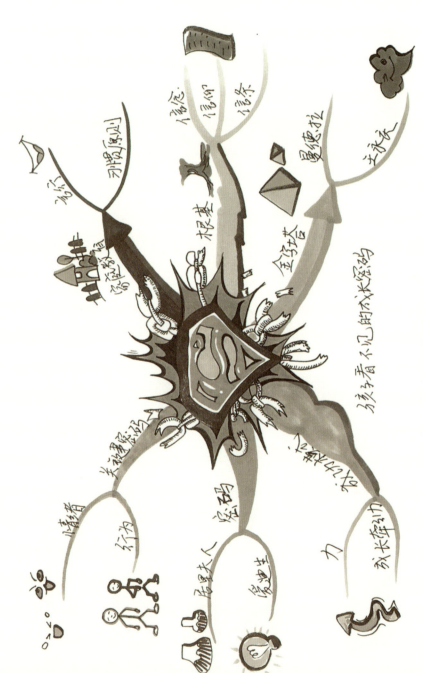

图 3-28 单一颜色的思维导图

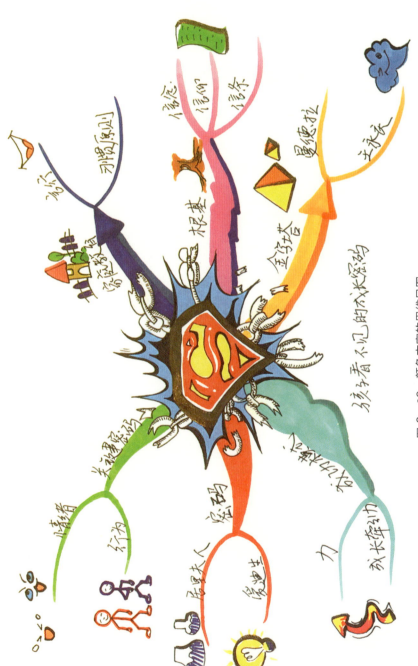

图 3-29　颜色丰富的思维导图

图3-30 颜色对比不大的分支布局

图3-31 颜色对比明显的分支布局

知识拓展：颜色的魅力

红色（red）
光或颜料的三原色之一，最强烈的色彩，热情、活泼、激情、喜庆的象征。容易鼓舞勇气，西方以此作为与战争相关的牺牲的象征，东方则代表吉祥、乐观、喜庆之意。

橙色（orange）
由红色和黄色组成。也可以叫橘色，代表时尚、青春、快乐、活力四射。象征炽烈之生命，太阳光即为橙色。

蓝色（blue）
这种颜色有很多种，有天蓝、湖蓝、宝蓝、粉蓝、冰蓝、碧蓝等。欧洲作为对国家忠诚之象征。天蓝色代表宁静、清新、自由，是很多人喜欢的颜色，天蓝色和粉红色一样，是安抚色，一看到就让人的心情感到放松；湖蓝色，海的颜色，代表忧郁、深邃、冷淡；宝蓝色即宝石蓝，最深也最亮的蓝色，也叫海军蓝，代表冷静、智慧等。

绿色（green）
光的三原色之一。很特别的颜色，它既不是冷色，也不是暖色，属于居中的颜色。代表清新、希望，给人安全、平静、舒适之感，是大自然的颜色，象征新生。

紫色（purple）
由蓝色和红色组成，神秘、高贵、浪漫的象征。

黑色（black）

深沉，庄重，无情色，神秘之感，极端的颜色。如和其他颜色相配合则有集中和重心感。

灰色（gray）

高雅，简素，简朴。代表寂寞、冷淡、拜金主义，灰色使人有现实感。

白色（white）

明快，无瑕，冰雪。无情色，纯洁之感，代表轻松、愉悦，浓厚之白色会有壮大之感觉。还有一种特殊的颜色叫米白色，是在白色中泛着极浅的黄色，经常为衣服、鞋子的颜色。

粉红色/粉色（pink）

由红色和白色组成。有很多的意义，可爱、温馨、娇嫩、青春、明快、美丽、恋爱等，是广大女性喜爱的颜色，深浅由淡粉色到中粉色再到艳粉色。这种颜色用途很广泛，经常为花朵、装饰品的颜色。

黄色（yellow）

颜料三原色之一，活泼的颜色，亮度最高，禁不起白色的冲淡。在东方代表尊贵、优雅。

棕色（brown）

代表健壮，与其他色不发生冲突。有耐劳、暗淡之感情。很难用水彩颜料调出来。

肉色（carnation）

即黄种人的肤色，由红色、白色、橙色组成，和粉红色很相似的颜色，这种颜色很少出现，在蜡笔中可以找到它。也有一种颜色叫肉粉色。

第四章

头脑风暴组装思维导图

思维导图"百宝箱"
你的疑问，我早知道
五步画出完美思维导图
如何有效解读思维导图
如何高效复习思维导图

思维导图"百宝箱"

要想画好思维导图必须做好两手准备，一是工具准备；二是心态准备。

在画思维导图之前，需要准备的工具一般有：

（1）A4 白纸，如果信息量大，也可以使用 A3 白纸。

（2）12 色彩笔，建议选择水彩笔，色彩厚重，不容易脱色。

（3）铅笔、刀子、橡皮，无敌三件套。

（4）清醒的大脑，良好的精神状态。

有朋友可能会说，画一幅思维导图需要准备这么多东西，我们不可能天天都带在身边，而且上课时老师也不会让用彩笔画导图。是的，如果按照严格的标准来训练，确实要准备这些工具。不过，凡事活学活用，如果老师不知道你画的是思维导图，我们可以课下画。如果没有带水彩笔，我们就暂时用单色笔画，最后再深加工成图文并茂的思维导图笔记。

画思维导图在心态上需要做什么准备呢？

一句话"聚焦目标,胆大心细"。意思就是先想清楚画这一幅思维导图的目的,即要解决的问题是什么。然后是严格按照规则,大胆尝试去画,去练习,不断总结。没有一劳永逸的学习,凡事都要一点一滴地累积。

你的疑问,我早知道

对于第一次尝试画思维导图的学习者来说,头脑里可能会有一大堆的问号,接下来我们来帮助大家一一解答。

纸张要怎么摆放？一定要使用 A4 的白纸吗？

在创建思维导图时纸张一定要横向摆放,这样能拉大左右视觉宽度,大脑更放松。另外,在条件允许的情况下,建议使用 A4 或 A3 的白纸来画思维导图。这些东西一般在文具店都可以买得到。如果实在买不到,也可以使用平时的练习本或笔记本,首选 A4 或 A3 白纸。

一定要使用"中心图"吗？

中心图是整个思维导图中必不可少的图像,而且是最大的,它用来表达整幅思维导图的中心思想。它就好比我们人类的心脏,没有它你的思维导图就没有了生命力。因为,你的大脑会认为这样的思维导图太枯燥,无法集中大脑的注意力。所以，一定要有中心图，而且要具体、形象，和中心主题有关联性。

第一条主分支要画在什么位置？

第一条主分支要在中心图右上角 1 点钟方向画出来，然后顺时针排列，这样大脑阅读起来会更舒适和流畅。

一幅思维导图中最多可以绘制多少条主分支？

按照记忆的 7±2 原理，在一幅思维导图中主分支的数量一般不超过 9 条。因为，对于大部分人的头脑来说"9"是一个记忆极限。而且，在同一幅思维导图中的分支颜色尽量不重复，因为这样有利于我们更好地区分不同子主题的内容。就像我们会把不同的家具放在不同的房间里一样，分支的颜色可以帮助我们识别和区分思维导图中的内容。

关键词要写在哪里？

关键词首选使用黑色，而且一定要写在分支的上面，尽量贴近分支写，不要出现"悬空漂浮"的距离感。

我画画超级烂，可以不使用关键图吗？

首先，这里我们要明确的一件事情是：思维导图绝不是绘画课，跟你的绘画水平一点关系都没有。关键图在思维导图中起到"标签"的作用，就像我们在地图上插上了小红旗一样。这样我们的眼睛就可以快速定位地图中的重要位置。如果没有关键图整个作品就像一棵干枯的大树，这也是博赞先生最不希望看到的光秃秃的思维导图。所以，一定要有关键图，即使是简单的图像或符号都比单纯文字要更有趣。

可不可以不使用文字，只使用图像？

纯图像的思维导图作品我们也见过和画过很多。不过事实证明，单纯的图像思维导图虽然在视觉冲击力和美观度上有了很大的提高，但在传达信息的精确度上却不尽如人意。因为，一个图像可以解读出多种意思，有时候你会因为全是图像而埋没了实际想要表达的意思，没有办法精准还原关键词。所以，"图文并茂"是思维导图最常见，也是最科学的呈现方式。

为什么我看不懂别人的思维导图，感觉乱七八糟的？

思维导图又被称作个性"记忆地图"，只有思维导图创建者本人才能真正解读出作品中涵盖的所有内容。我们之所以感觉别人的作品有点乱七八糟，主要是因为它不是我们自己画的，不了解其中的逻辑关系。如果对方将思维导图中涵盖的内容清晰地讲述给我们听之后，相信就不会再觉得它乱七八糟了。因为，我们了解了画这幅思维导图的来龙去脉。

接下来，撸起袖子加油干，一张导图画到底。

五步画出完美思维导图

在开始画你的第一幅思维导图之前，请先跟着我在大脑中想象一个画面：一颗顽皮的种子埋入土壤温暖的怀抱中，雨水轻吻着大地，一个嫩芽眨巴着眼睛，慢慢地从种子里爬了出来。快看，地面上顶起一个小土包。

一颗鲜绿的幼苗羞涩地探出头来,好奇地观察着周围的一切。斗转星移,满头白发的太阳公公爬上枝头。幼苗打着哈欠伸伸懒腰,只见它越长越高,叶子越伸越长。而且,又长出新的枝干来。枝干上的叶子铺展开,自由呼吸着夹杂着泥土芳香的空气。快看,快看,一个花骨朵,蜷缩着含苞待放。又是一夜,明媚的清晨,叶子随风抖动,像是一阵阵的掌声。昨夜还在酣睡的花骨朵,情不自禁地绽放笑颜,对着你"傻笑",好一朵天真的花儿。夕阳西下,带着这一抹惊艳,酣然入睡。期待,春色满园,好一片生机盎然。

图4-1

是不是很有画面感?的确,像是看着一个生命在长大。其实,刚才我们在大脑中想象的画面,就像画思维导图的过程一样。都要从一个点、一颗种子开始,慢慢发芽,长出枝干、叶子和花朵。最后,变成一株健壮的植物或大树。

下面,我们详细讲解画思维导图的五个基本步骤。

第一步：根据中心主题确定中心图

举例：画一幅主题为"自我介绍"的思维导图。

首先根据中心主题明确画这幅思维导图的目的，很显然就是"自我介绍"，将自己想让别人了解的地方，尽可能详尽地用思维导图表达出来。接下来，我们将准备好的 A4 白纸横向摆放在自己面前。在大脑中联想一个与"自我介绍"相关联的图像作为中心图。比如，它可以是一个能够代表你的人物卡通形象，也可以是你的属相或星座。只要和中心主题有明显关联性的图像都可以作为中心图来使用。如图 4-2 所示。

图 4-2

第二步：根据中心主题发散思维确定主分支数量，并画出第一条主分支

为了提高发散思维的实用性，找到有效角度来介绍自己，我们可以借

助前面章节中提到的绝世小工具——九宫格,来辅助发散思维。我们可以拿出一张草稿纸,在上面画一个九宫格。然后将中心主题"自我介绍"写在最中央的方格里。如图4-3所示。

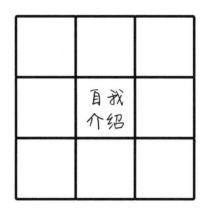

图4-3

接下来,根据中心主题"自我介绍"发散思维,想想自己要从哪些角度去介绍自己,先尽可能把自己能想到的都写出来,然后填写到其他空缺的方格里。如果一个九宫格不够,你还可以再增加一个。如图4-4所示。

姓名	性别	年龄
梦想	自我介绍	性格
朋友	学习	爱好

图4-4

假设我们在九宫格里填写的关键词有姓名、性别、年龄、性格、爱好、学习、朋友、梦想。那么，接下来你就要思考，这些角度都是有必要展开介绍的吗？如果是，那么这幅思维导图就要有八条主分支。如果你觉得"朋友"和"梦想"没有必要介绍，那么这幅思维导图就要有六条主分支。也就是说，当我们通过发散思维将九宫格填满后，一定要做出有效的判断和选择，这样才能提高思维导图的实用性。而不是随便想到一个角度就画成主分支。

其实，在上面的九宫格中"姓名、性别、年龄"可以归到一个类别"基本信息"。假设"朋友"和"梦想"不需要展开介绍，那么，这幅思维导图就有四条主分支，四个需要展开的角度就是基本信息（姓名、性别、年龄等）、性格、爱好、学习。

确定了主分支的数量，接下来就是在中心图的右上角1点钟方向画出第一条主分支，并与中心图相连，而且要由粗到细。同时，将关键词"基本信息"写在分支上，并尽量贴近分支写。如图4-5所示。

图4-5

第三步：根据主分支上的关键词继续发散思维

画出次级分支，并尽可能详细介绍这一角度。如图4-6所示。

图4-6

第四步：在分支布局过程中，尽可能使用丰富的关键图

初学者可以先将一些形象词，就是比较容易联想图像的关键词画成关键图。然后，再尝试着将一些抽象词发挥想象力联想成关键图，并大胆画出来。关键图不一定要画很多，但是一定要有，尽量每个主干范围内都要有。关键图可以提高思考的创意性，缓解视觉疲劳，同时又可以标记一些重要分支上的关键词，起到辅助记忆的重要作用。

图 4-7

第五步：其他主分支顺时针布局，查缺补漏

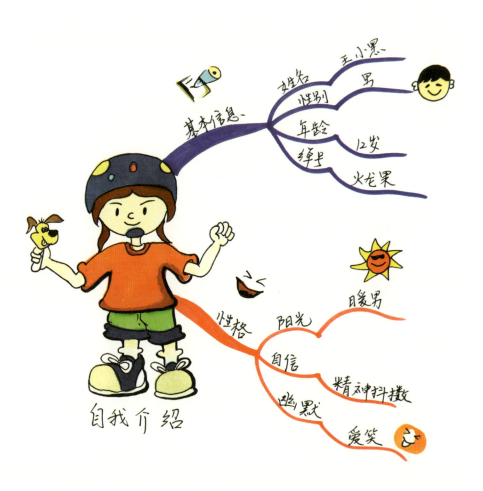

图 4-8

图 4-9 自我介绍

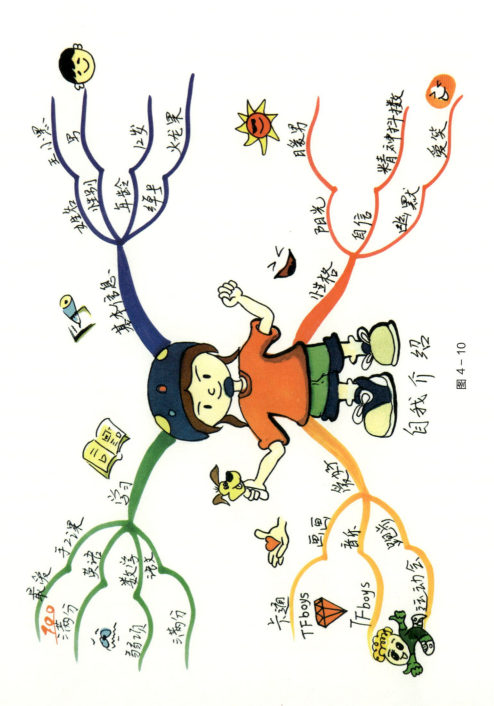

图 4-10 自我介绍

最后我们就得到了一幅图文并茂的思维导图,并介绍清楚了自己。整个画思维导图的过程就像刚才我们想象的种子的成长过程一样。每一幅思维导图都是同样的创建步骤,只是中心主题不一样而已。

拓展训练： 请以"自我介绍"为中心主题画一幅思维导图,并介绍清楚自己。

如何有效解读思维导图

解读(分享)思维导图作品有五点基本要求：逻辑性、流畅性、针对性、创新性和实用性。解读思维导图的顺序其实就是你画思维导图的步骤。

逻辑性是指解读思维导图的过程要有逻辑,按照分支的创建过程按顺序表达。

流畅性是语言表达能力的体现,这就要求我们平时要多积累一些演讲的经验。

针对性是要求我们在解读的过程中,不要面面俱到,要有侧重点。把最值得分享或最有帮助的部分讲出来,让大家有所收获。

创新性是指在思维导图中要有自己独特的见解或想法,不要墨守成规。

实用性是指画完的思维导图要真正解决问题。如果只是画了一幅很漂亮的"艺术导图",而没有解决问题,那么这幅思维导图本质上是不成功的,只是好看而已。所以,思维导图最核心的考核标准是在遵守创建规则的前提下是否解决了问题或为解决问题提供了强有力的参考,即它的实用性。

如何高效复习思维导图

思维导图作为一种全新的"学习笔记"在复习方面也有着得天独厚的优势。它通过中心图、分支、关键词、关键图和颜色,把原来枯燥无味的线性文字笔记升级成了图文并茂的思维笔记,而这些正是大脑感兴趣的,更容易集中大脑的注意力、提高记忆效率。尽管如此,思维导图笔记也并不能完全替换传统笔记。毕竟有些知识点还是要面面俱到地详细记录,比如一些复杂的学科定义等。

德国心理学家赫尔曼·艾宾浩斯(Hermann Ebbinghaus)研究发现,遗忘在学习之后立即开始,而且遗忘的进程并不是均匀的。最初遗忘速度很快,以后逐渐缓慢。

按照艾宾浩斯遗忘曲线给出的科学"复习点"周期依次为:

(1)第一个记忆周期:5分钟

(2）第二个记忆周期：30 分钟

(3）第三个记忆周期：12 小时

(4）第四个记忆周期：1 天

(5）第五个记忆周期：2 天

(6）第六个记忆周期：4 天

(7）第七个记忆周期：7 天

(8）第八个记忆周期：15 天

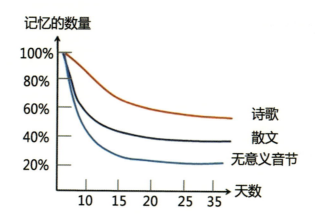

图 4-11　艾宾浩斯遗忘曲线

可能这一科学的复习周期时间表大部分人都知道，但只有极少数人会按照这个时间表进行复习。因为一般人的时间不允许。所以，我们会建议思维导图学习者（针对学生）可以参考以下时间间隔进行复习：

(1）创造完思维导图后马上复习，查缺补漏，并把被遗漏的内容标记出来。

(2）在下次上课之前将上节课的思维导图笔记复习一遍，找出重点。

（3）一周之后将整个星期的所有思维导图集中复习一遍。

（4）考试之前复习思维导图，并参考学习材料，做到精确复习。

要想让所学知识进入大脑"长时记忆"的宝库，一定离不开及时科学的复习。

第五章
用思维导图击破语文"记忆困局"

用思维导图整理语文课堂笔记

用思维导图提高阅读能力,把厚书读薄

不做死记硬背的"垫脚石"

用思维导图三分钟记忆一首古诗

用原来一半的时间记忆一篇课文

用思维导图整理语文课堂笔记

课堂笔记是我们累积知识的重要途径之一。俗话说，"眼过千遍不如手写一遍"。记笔记是记忆的扩大和延伸，便于课后复习、查找。在课堂上边听边记笔记，能让我们处于动耳、动脑、动手的最佳学习状态，可以抑制"思想溜号"，使注意力高度集中，加深对课堂知识的理解，有利于找出课堂中的疑难点，提高学习效率。

研究表明，听课后马上测试，学生一般能记住 10 分钟讲课内容的一半；如果 48 小时后测试，则只能记住其中的 20%。如果把听课的内容加工整理成容易记忆和理解的笔记，就可弥补过度遗忘的问题。

其实，在记笔记的过程中，知道记什么比记笔记本身更重要。

那么，课堂笔记应该记什么呢？

（1）记新知识。每节课的知识侧重点不一样，知识都是新旧交织在一起的,为了提高当堂课的学习效率,就要求我们在听课过程中,形成筛选新知识的意识并记录清楚。

(2)记老师强调的重点。

(3)记课本上没有而老师补充的内容。

(4)记疑点。对老师在课堂上讲的内容有疑问要及时记下来,并做重点标记。

(5)记方法。详细记录老师讲的解题技巧、思路及方法。

(6)记感悟。把学习过程中的心得体会,甚至一闪而过的灵感,都要及时记录下来,有时候会起到意想不到的作用。

以语文为例,语文课堂学习,除了听讲,记笔记也是不容忽视的一个重要环节,学会做笔记,养成良好的做笔记习惯,会为我们的语文学习打下坚实的基础。语文学习主要以课文为载体,我们通过学习课文来累积在语文考试中的知识点和解题能力。

在语文课上可能要记的知识范围有很多,如图 5-1 所示。

中心思想	作者	文章结构
感悟	课堂笔记	写作手法
生字词	好句	好词

图 5-1

但是，并不是每节课老师都会讲到这么多知识点。所以，接下来给大家提供一个在记语文课堂笔记时，最常用的"思维导图笔记模型"，你可以在它的基础上根据课堂内容增加或删减主分支的数量，如图5-2所示。

图5-2

接下来，我们以课文《桂林山水》为例，做笔记示范。

桂林山水

作者：陈淼

人们都说："桂林山水甲天下。"我们乘着木船，荡漾在漓江上，来观赏桂林的山水。

我看见过波澜壮阔的大海，玩赏过水平如镜的西湖，却从没看见过漓江这样的水。漓江的水真静啊,静得让你感觉不到它在流动;漓江的水真清啊,清得可以看见江底的沙石;漓江的水真绿啊,绿得仿佛那是一块无瑕的翡翠。船桨激起的微波扩散出一道道水纹,才让你感觉到船在前进,岸在后移。

我攀登过峰峦雄伟的泰山,游览过红叶似火的香山,却从没看见过桂林这一带的山。桂林的山真奇啊,一座座拔地而起,各不相连,像老人,像巨象,像骆驼,奇峰罗列,形态万千;桂林的山真秀啊,像翠绿的屏障,像新生的竹笋,色彩明丽,倒映水中;桂林的山真险啊,危峰兀立,怪石嶙峋,好像一不小心就会栽倒下来。

这样的山围绕着这样的水,这样的水倒映着这样的山,再加上空中云雾迷蒙,山间绿树红花,江上竹筏小舟,让你感到像是走进了连绵不断的画卷,真是"舟行碧波上,人在画中游"。

《桂林山水》通篇只有四段内容,读完这篇文章,大家不难发现作者以诗一般的语言,带着读者观赏了风景秀丽的桂林山水。作者从"桂林山水甲天下"讲起,既概括了桂林山水在祖国风景名胜中的地位,又交代了作者游览桂林山水的缘由,同时引起了我们对桂林山水的向往。然后,用对比的方法描述了漓江的水的三个特点:静、清、绿,以及桂林的山的三个特点:奇、秀、险。最后把桂林的山和水联系起来,联想成一幅画卷,完整地展现在读者面前。

用传统方法记课堂笔记时,往往知识点零散,随机性强,逻辑容易混乱。而且,笔记内容多以密密麻麻的长句子方式呈现,笔记记完后,大脑记忆和理解效率并不高。有时候,甚至有点浪费时间。而用思维导图记笔记,往往可以起到"一图抵千言"的学习效果。如图5-3所示。

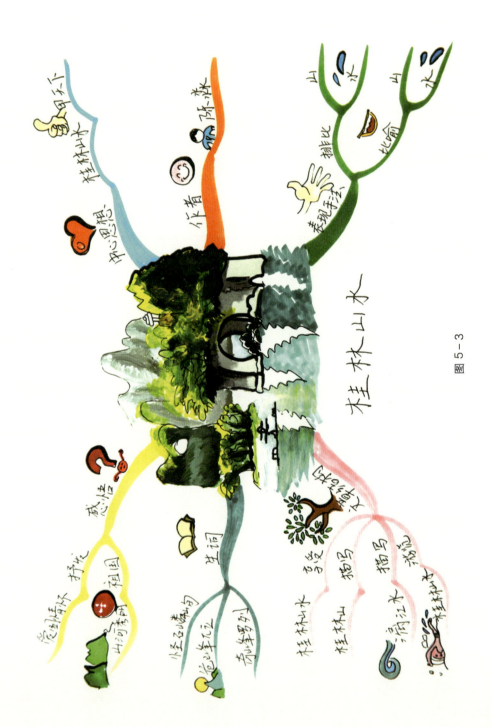

图 5-3

用思维导图记语文课堂笔记其实非常简单，你只需要在笔记模型的基础上，根据老师课上所讲的内容，进行合理的分类。然后，再画成一幅图文并茂的思维导图笔记。这种个性的笔记方法符合大脑的思维喜好，用图像、发散结构、关键词、颜色等充分调动大脑的学习主动性，一目了然，在记忆和理解效率上更是远大于传统线性笔记。

所以，你的语文课堂笔记该"升级"了。

拓展训练： 请用思维导图笔记模型记日常语文课堂笔记。

用思维导图提高阅读能力，把厚书读薄

在科技高度发达的当今社会，个体获取知识的方式很多，但谁也无法否认的是，阅读仍是一种最主要的途径。除获取大量的知识外，阅读还让我们认知世界、拓展思维，并获得更丰富的审美体验。

常见的阅读方法可分为四种。

第一种是信息式阅读法。这类阅读的目的是了解情况。我们阅读报纸、广告、说明书等属于这种阅读方法。眼睛像扫描一样在文字间快速浏览，及时捕捉自己所需的内容，舍弃无关的部分。

第二种是文学作品阅读法。阅读文学作品，除了内容之外，还有修辞和韵律上的意义。一般阅读时应该速度缓慢，最好自己能听到每一个词的发音。这种通过眼睛接受文字信号，依赖耳听，然后加以理解的阅读方法，有利于训练我们的臆想能力，即主观想象能力。

第三种是经典著作阅读法。这种方法用来阅读哲学、经济、军事和古典著作。这种阅读方式速度也不要太快，对书中的一字一句都要细加思索，捕捉作者的真正用意。

第四种是消遣式的阅读法。这种阅读往往只是为了消遣。

对于在校学生来说，除课堂笔记之外，阅读是我们拓展语文知识量的最重要途径。随着阅读理解在各类语文考试中的占比越来越大，提高阅读能力势必成为每个在校学生的必备技能。

对于大部分阅读者来说，日常阅读存在两个误区。

误区一：以为读书速度快，就是高效阅读。

误区二：以为读书读得久，就能记得多。

如何规避误区一？读得快，也要读得准，要想读得准，必须学会阅读时精准抓取关键词的能力，即有效信息。阅读是对句子"提纯"的过程。句子中的关键词在哪里？在前面的章节中，我们重点提到关键词在句子中的位置。在句子中主语一定是关键词。另外，动词的后面和形容词的后面，一般也都是关键词。所以，在阅读过程中有意识地在大脑中强化这些关键词，对于提高阅读效率有非常大的帮助。

举例： 阅读以下两段文字内容，看看哪个阅读时重点更突出，阅读效率更高。

没有标记关键词的段落：

深蓝的天空中挂着一轮金黄的圆月，下面是海边的沙地，都种着一望无际的碧绿的西瓜。其间有一个十一二岁的少年，项带银圈，手捏一柄钢叉，向一匹猹尽力地刺去。那猹却将身一扭，反从他的胯下逃走了。

标记出关键词的段落：

深蓝的**天空**中挂着一轮金黄的**圆月**，下面是海边的**沙地**，都种着一望无际的碧绿的**西瓜**。其间有一个十一二岁的**少年**，项带**银圈**，手捏一柄**钢叉**，向一匹**猹**尽力地**刺**去。那猹却**将身一扭**，反从他的**胯下逃走了**。

通过阅读对比你会发现，当我们在阅读过程中有意识地识别关键词后，记忆和理解就会在大脑中自然产生，阅读效率就会越来越高。所以，知道哪些是句子中的关键词对于阅读来说至关重要。

如何规避误区二？读得时间长，说实话，未必代表记得多。除了在阅读过程中要精准抓取关键词外，还要学会归纳和总结。比如，记笔记、做摘抄等。因为，阅读的目的是在大脑里留下点什么，学以致用。传统线性笔记，颜色单一，文字繁多，大脑兴趣不高。思维导图就可以很好地改善这一点。把阅读内容画成思维导图"阅读笔记"，一网打尽关键词。而且，你还可以在思维导图笔记的基础上，不费吹灰之力对阅读内容加以延伸，表达出自己独特的阅读体悟，把书读活。

想用思维导图提高阅读效率，就要先学会用"符号法"来辅助阅读。符号法是辅助标记关键词和重点句的阅读技巧。口诀非常简单"圈圈、点点、画画"。如图 5-4 所示。

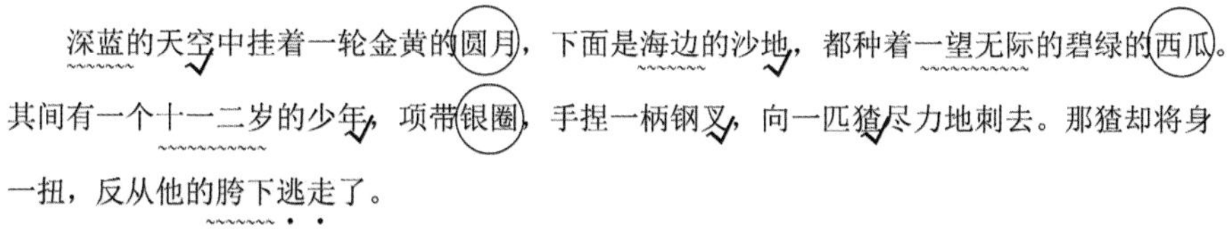

深蓝的天空中挂着一轮金黄的圆月，下面是海边的沙地，都种着一望无际的碧绿的西瓜。其间有一个十一二岁的少年，项带银圈，手捏一柄钢叉，向一匹猹尽力地刺去。那猹却将身一扭，反从他的胯下逃走了。

图 5-4

常用的标记符号：

○	.	△	☆	♥	( )	～	√	|	?
圆圈	点	三角形	五角星	心形	括号	波浪线	对号	竖线	其他

用符号法在阅读过程中做标记，有利于加速思维导图的整理速度。如果你有保持书面洁净的习惯，要慎用此方法。不过，如果可以大幅度提高我们的阅读效率，又何乐而不为？毕竟，阅读的根本目的是吸收。特别提示一点：在阅读过程中，并不是所有自然段都需要标记，一般重点段才会用符号法来辅助阅读。

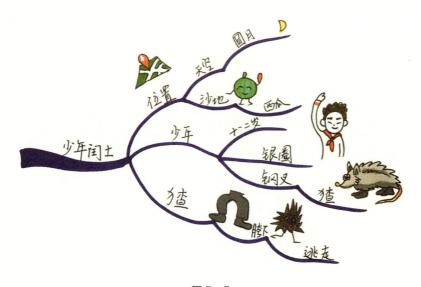

图 5-5

所以，用思维导图提高阅读效率分成两步。

第一步，用符号法标记阅读内容中的关键词和重点句。

第二步，用思维导图归纳、总结，画成图文并茂的阅读笔记。

思维导图阅读笔记在记忆、理解和复习效率上都要高于传统线性笔记，是因为思维导图能通过图文并茂的发散性结构清晰地梳理出阅读内容的逻辑关系，关键词更聚焦，不至于埋没在文字的海洋里造成阅读障碍。再结合丰富的颜色和关键图，这些能充分激活大脑兴奋度和增强记忆效率的元素，让阅读变得更加高效。

阅读示范： 阅读下面段落内容，并画成思维导图。

苹果对于增强儿童的记忆力有着特殊的作用。苹果中含有多种维生素、脂质、矿物质、糖类等构成大脑所必需的营养成分。苹果中还含有利于儿童生长发育的细纤维和能增强儿童记忆力的锌。锌是构成和记忆力息息相关的核酸与蛋白的必不可少的元素。缺锌会使大脑皮层边缘部海马区发育不良。

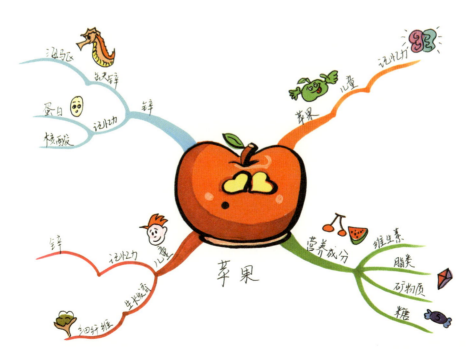

图 5-6

思维导图在阅读方面其实有两个核心作用。

一是把薄书读厚。

我们可以在思维导图阅读笔记的基础上，加入自己的理解和领悟，把书读活，读出自己的思想，通过分支布局表达出来，而不是一味地死读书，只停留在作者的世界里或文字表面。

二是把厚书读薄。

思维导图可以把密密麻麻的文字内容，精简成大脑喜欢的图文并茂的思维导图笔记。一本厚厚的书，通过分解法，可以画成几幅思维导图阅读笔记。这样就不用天天捧着厚厚的一本书，到处翻知识点了。

如果我们要把一整本书画成思维导图，需要注意以下几点：

（1）翻看封面和封底，明确中心主题。

（2）快速浏览目录，把自己感兴趣的章节在目录中标记出来。

（3）选择想要画成思维导图的章节，并用符号法标记关键词。

（4）一般一个章节画成一幅思维导图，善用目标分解法。

（5）如果每个章节的核心内容不是很多，可以画成一幅思维导图。

（6）复习思维导图，画出自己的阅读体悟，查缺补漏。

拓展训练： 阅读下面文章内容，并画成思维导图。

阅读能力

一般说来，阅读能力不是天生的，也不是一下子就形成的，它是在长期的读书实践中逐步培养起来的。通常所说的阅读能力，大致包括以下几个方面。

1. 感性认知能力，即对文章表面的理解能力。读过一篇文章，能弄懂词、句所表达的基本意思，知道文章是什么体裁，写的是什么，能对所写内容进行复述。应当明白，这种能力只是最低级的阅读能力，满足于此，是读不好书的。

2. 内在关系的理解能力。精读文章后，能理清文章的内容和结构上的各种关系，在理解字面意思的基础上，进一步探求和把握语言的深层含意，善于捕捉作者在字里行间隐含的"言外之意"。知道文章为什么这样写。

3. 鉴赏性理解能力，即评判能力。能对文章做认真的评析，能考察其真实性，能判定是非曲直。就是说不盲目读书，不迷信书本。既能鉴赏，又能批判，从而真正在阅读中增长学识。

4. 创造性理解能力。读过的东西经过思维的过滤，融于自己的知识体系之中，并能因此生出新意。从阅读中生出新意，就是能活读书，跳出书本的局限，从书本中走出来。

阅读能力是一种本领，也是一种艺术。

不做死记硬背的"垫脚石"

"不积跬步，无以至千里；不积小流，无以成江海。"一切学习都离不开记忆，学习能力的提高在于有效知识的累积。记忆力是主导我们一生的学习能力。对于学生来说，获取知识的主要途径包括课堂听讲和日常阅读。所以，记笔记的方法、阅读能力的训练是高效累积知识的基本功。既然我们可以通过思维导图创意笔记的方式去归纳、整理课堂上以及日常阅读中的核心知识点，那么，接下来就要开启思维导图的另外一项"特异功能"了，那就是辅助大脑视觉化记忆，提高记忆力。

有几个问题想问你：

你的记忆力怎么样？

你现在用什么方法记忆？

你喜欢现在的记忆方法吗？

如果你不喜欢，你尝试做出过哪些改变？

相信这几个问题对于绝大部分人来说，回答起来并不困难。大概就是：

"我的记忆力不怎么样。"

"我每天都在死记硬背。"

"我讨厌死记硬背。"

"我从来没有做出过改变。因为，我不知道要怎么做。"

这就是现实，很多人被死记硬背折磨得死去活来，仅仅是因为不了解大脑的运作规律和思维喜好。其实，"记忆力"一词概括了大脑的三层能力：一是记，代表信息的输入；二是忆，代表信息的输出；三是力，代表信息存储的时间长度。也就是说，其实记忆力是大脑这三种能力的统称，即记的能力、保持的能力和提取的能力。

说实话，提高记忆力一点也不难。那么，如何才能提高记忆力呢？

在揭开谜底之前，我们先来思考这样一个问题：什么样的内容对于大脑来说更好记、更容易记、更爱记，不容易遗忘？开动你的脑筋，仔细一琢磨，你会发现：有逻辑的，夸张的，好玩的，有趣的，形象的，有颜色的，有创意的，有画面感的，大脑都容易记住。

反之，那些没逻辑的、枯燥的、无聊的、单色的、没画面感的，大脑都不喜欢记，所以记不久，不愿意记，甚至记不住。问题背后就是答案。也就是说，只要我们想办法把那些枯燥的记忆过程，变得有逻辑、好玩、有趣、有颜色、有画面感，就一定可以改善记忆的效率。

而思维导图恰恰做到了这些。它把零散且抽象的知识点，通过发散结构有逻辑地排列出来，并通过图像和颜色最大化地刺激大脑的注意力，让大脑归纳、总结、思考的过程变得更加好玩、有趣、有意思。我们可以一目了然地看到自己整个思考的全过程。这种图文并茂、颜色丰富的笔记方法，又被称为"记忆地图"，在很大程度上提高了大脑的记忆速度和效率，至少可以帮助我们节省原来一半的记忆时间。

接下来，我们跟死记硬背说再见，开启思维导图的记忆模式。

拓展阅读： 提高记忆力的8个小习惯。

1. 日常训练法

（1）去商店前先在清单上记下想要买的商品名称，但是在商店里购物时不要看，买完后跟清单核对一下。

（2）在交款前先用脑算算该交多少。

（3）挂掉电话后，试着重复一下电话谈话的内容。

（4）午饭之后想想上午都干了些什么，然后尽量回忆一周前的同一天同一时间干了些什么。

2. 刻意背诵法

经常背点什么，电话号码或者诗歌都可以。

3. 阅读

即使每周有两个小时来阅读也可以。阅读之后靠记忆复述一下书中的内容。

4. 用思维导图记笔记

思维导图是一种图文并茂的创新笔记方法。在画思维导图的过程中，通过提取关键词以及使用丰富的图像，可以激活大脑注意力，同时提高记忆和理解的效率。

5. 做手指操

用手指敲桌子，好像在弹钢琴或者打字，这个并不复杂的动作能促进思维。

6. 精神集中

同时做几件事情，例如看电视的同时打电话，这样做并不正确。应该集中精神干好一件事。

7. 坚持体育运动

体育锻炼能促进大脑的活动，所以，想有个好记性，就请多运动。

8. 清淡饮食

清淡饮食，多吃水果和蔬菜，减轻身体消化负担。苹果和香蕉中富含多种促进记忆力的营养元素。

用思维导图三分钟记忆一首古诗

古诗是古代中国诗歌的泛称，从格律上看，古诗可分为古体诗和近体诗。以唐朝为界限，以前的诗歌均为古体诗。古体诗有具体的字数和诗行，五字一句的称五言古诗；七字一句的称七言古诗。五言古诗是古体诗的正统，写的人很多而七言古诗不是古体诗的主流。

汉字的形象性使古体诗富于形象性，比如，美国诗人庞德认为，汉字的"春"就是"太阳抵伏在草木茁壮的树枝之下"，因此，由汉字组成的诗句，就像一幅幅活动的图画，使读者能摆脱语言语法而直接进入诗人描绘的境界。也就是我们常说的，还原作者的所见、所闻、所感。

《中国诗词大会》是中央电视台首档全民参与的诗词节目，节目以"赏中华诗词、寻文化基因、品生活之美"为基本宗旨，力求通过对诗词知识的比拼及赏析，带动全民重温那些永为经典的古诗词，分享诗词之美，感受诗词之趣，从古人的智慧和情怀中汲取营养，涵养心灵。在节目中，参赛选手将古人绝妙、优美的诗句脱口而出的感觉，羡煞众人。事实证明"只有记得住，才能考得好"。不管是日常考试，还是电视比赛，如何记住这些古诗，都是摆在每个学生面前的现实问题。毕竟，考试的时候不会等我们先记住再考。

在过去古人没有手机，没有微信，更没有朋友圈，所以常常寄情山水，多以吟诗作赋来抒发感情。所以，古诗有两个非常重要的特点，一是画面感强；二是感情色彩浓厚。比如我们耳熟能详的古诗《登鹳雀楼》。

登鹳雀楼

[唐] 王之涣

白日依山尽，

黄河入海流。

欲穷千里目，

更上一层楼。

读这首诗的时候，大脑隐隐约约可以联想出作者所看到的画面。我们根据大脑所联想的画面，就可以轻松说出诗句的原文内容。不过，为什么很多人记古诗速度特别慢呢？这是因为，我们的大脑很容易陷入"文字狱"，即习惯性地把诗句当成文字来看，没有体悟和联想到文字所表达的情感和画面。比如，记忆"白日依山尽"，脑海里浮现的不是白日依山的画面，而是"白，日，依，山，尽"这几个汉字，很抽象，所以记不快，记不住。如果在阅读这首古诗的过程中，大脑能联想到与诗句相对应的画面，相信读一遍就可以过目不忘。

图 5-7

但是，并不是每首古诗都这么简单，也不是每个人都能有这么强的联想构图能力。那怎么办呢？当然是画思维导图。通过分支梳理关键词逻辑关系，通过丰富的关键图强化记忆过程。画完之后，整体再看一遍，回忆起来事半功倍。

接下来,我们以王维的作品《鹿柴》为例,画成一幅思维导图版的记忆地图。这首诗的题目读《鹿柴(zhài)》,其中"柴"同"寨",栅栏。

鹿柴

[唐] 王维

空山不见人,
但闻人语响。
返景入深林,
复照青苔上。

原文注释:

幽静的山谷里看不见人,
只能听到那说话的声音。
落日的影晕映入了深林。
又照在青苔上景色宜人。

看到这首短小的古诗,有人可能就要问了:这么短的古诗需要画思维导图吗?我多读几遍也能记住。事实确实如此,多读几遍确实能够记住。但是,我们用传统方法记忆,往往记得快,忘得也快。每次复习时,都像第一次记忆一样,还要花费时间去理解或联想。如果有一幅记忆地图做参考,那么记忆的牢固性和复习的效率都会大大提高。这叫"磨刀不误砍柴工"。另外,对于初学者来说,刚开始用思维导图去记忆古诗时,要先从比较简单的古诗着手练习,由浅入深地应用到更加复杂、抽象的古诗当中去。

在日常记忆古诗过程中，我们经常会遇到四个记忆困局：

（1）提到古诗题目不知道作者是谁。

（2）想起古诗题目，却想不起来第一句是什么。

（3）句子上下句经常连贯不起来。

（4）个别字或词总是想不起来。

我们先来分析原因，然后再具体讲解如何用思维导图解决这些困局。我们在记忆过程中，经常提到古诗题目想不起来作者是谁，是因为大脑在记忆这两个信息时，是简单的对应关系。比如，提到《鹿柴》这首古诗，我们的大脑会告诉自己《鹿柴》是王维写的。因为古诗太多，王维的作品也很多。时间久了，很容易记混，或想不起来。要想解决这个问题，我们就要想办法在题目和作者之间，发挥想象力创造一个形象的记忆关系。比如，我们可以想象这样一个画面：一个围着围巾的人骑着一只鹿。"围巾"代表作者王维，"鹿"代表题目《鹿柴》。相信通过这样一个好玩、有趣的记忆联想，你想忘记都不太容易。因为，古诗题目和作者在大脑中有明确的推导关系。

如果提到古诗题目，想不起来第一句是什么，说明在题目和第一句之间也要创造一个记忆关系。比如，题目《鹿柴》和第一句"空山不见人"。尽管诗句本身并不复杂，但是如果第一句想不起来，就会直接造成整首古诗回忆不起来。处理这个问题的方法和上面的技巧一样，你可以联想这样一个记忆画面，比如，一只鹿跑到空山里吓跑了人。这样一提到《鹿柴》，你就会很容易想到第一句是什么了。而且，后面的句子要想连贯起来，根据逻辑关系就可以串联起来。

如果在记忆古诗的过程中有个别字或词总想不起来，我们可以把这个字或词进行"编码",编码的意思就像根据声音联想成大脑容易理解的画面。比如,这首诗中的"但闻人语响"中的"但",如果这个字想不起来的话,我们可以把"但"根据声音联想成"蛋",想象鸡蛋听到说话的声音,这样"但"这个字就记忆得非常牢固了,回忆时再还原成原来的汉字就可以了。如果是用思维导图记忆,直接就可以把这个字旁边画一个"鸡蛋"的关键图。根据这个关键图,大脑就可以轻松记住这个抽象字。

接下来,我们来讲一下用思维导图记忆古诗的具体步骤。

第一步是将题目画成中心图,并将作者的名字融入中心图。

比如,《鹿柴》,作者王维。我们就可以画一只鹿围着围巾。看到鹿想到题目《鹿柴》,看到鹿脖子上围的围巾就可以想到作者王维。如图 5-8 所示。

图 5-8

第二步要做的事情是将每个半句直接用分支分解开。古人惜字如金，由于每个半句字数不多，根本不需要删减，通篇都是关键词。比如第一句"空山不见人"，直接分解成三个关键词"空山、不见、人"，然后画出第一条主分支，并将关键词按顺序填写在分支上。如图5-9所示。

图5-9

因为画这首古诗的目的是记住，所以在画思维导图的过程中，关键图要尽量丰富，先把比较形象的词画成关键图是首要任务，其次是比较抽象的一些关键词。虽然并不是每个关键词都要画成关键图，但为了满足记忆，还是建议多多益善。画关键图可以锻炼想象力和训练大脑的图像表达能力，增强记忆效率，可以说是一举多得。如图5-10所示，有了关键图，大脑的注意力和记忆牢固性，要远大于上面的分支结构。

图 5-10

其他诗句用同样的方式分解并布局在分支上。整个过程如图 5-11、5-12、5-13 所示。

图 5-11

关键图"鸡蛋"用来强化记忆抽象字"但"。

图 5-12

关键图"相机"用来强化记忆抽象词"复照",因为相机能拍照。

画完思维导图不要急着把它丢到一边,而是看着这幅思维导图将每个半句和对应的画面,在大脑里根据上下句的逻辑关系联想一遍,这样整首古诗就记忆牢固了。切记:特别抽象的字或词一定要画关键图,这样才能精准记忆,不容易遗忘。如果有人把每首古诗都画成思维导图,相信你一定愿意拿着思维导图去记忆,而不是苦哈哈地读文字。可惜这种好事几乎不会发生。如果你的大脑喜欢用思维导图的方式去记忆古诗,那就让你的大脑把这种能力掌握,求人不如求己。

图 5-13

对于初学者来说,刚开始用思维导图记忆古诗时,可能会多花几分钟的时间用在画中心图和关键图上,随着熟练度越来越高,一首古诗其实 3~5 分钟就可以画成一幅思维导图版的记忆地图。所以,不管再好的方法和工具,都离不开训练。学习思维导图就像骑自行车一样,只有自己骑稳了,才能骑车去载人。

刚才,我们举的例子是五言古诗。下面,我们举一个七言古诗的例子,唐代大诗人李白的作品《望天门山》。

望天门山

[唐]李白

天门中断楚江开，

碧水东流至此回。

两岸青山相对出，

孤帆一片日边来。

原文注释：

天门山从中间断裂是楚江把它冲开的，

碧水向东浩然奔流到这里折回。

两岸高耸的青山隔着长江相峙而立。

江面上一叶孤舟像从日边驶来。

第一步，将题目《望天门山》画成中心图，并将作者名字融入中心图里。比如，我们可以画一个穿着白衣服的人站在山脚下望着一座大山。当然，如果为了记忆清楚这首诗的作者是李白，你也可以画一只白兔站在山脚下，用"白兔"代表李白。如图5-14所示。

图5-14

第二步，将每个半句分解，按顺时针布局在中心图的外围，并尽量使用丰富的关键图。

图 5-15

下面，我们再讲一个例子——《春望》，作者为唐朝大诗人杜甫。

春望

[唐] 杜甫

国破山河在，城春草木深。

感时花溅泪，恨别鸟惊心。

烽火连三月，家书抵万金。

白头搔更短，浑欲不胜簪。

原文注释：

国家沦陷只有山河依旧，春日的城区里荒草丛生。
忧心伤感见花开却流泪，别离家人鸟鸣令我心悸。
战火硝烟三月不曾停息，家人书信珍贵能值万金。
愁闷心烦只有搔首而已，致使白发稀疏插不上簪。

由于这首古诗共八个半句，我们可以左右各四条主分支画成一幅思维导图。第一步，将古诗题目《春望》和作者杜甫联想成一个中心图。我们可以画一个人手里拿着豆腐在一棵开花的树下观望。一个人站在开花的树下观望代表的是"春望"。这个人手里拿着"豆腐"代表他是作者杜甫，因为"杜甫"的发音和"豆腐"很相近。这样题目和作者就可以相互推导了。同样，你也可以简化中心图，只要自己能根据中心图顺利判断出题目是什么就可以。如图5-16所示。

图5-16

接下来，就是将每个半句分解，按顺时针布局在中心图的外围，并尽量使用丰富的关键图。最后，画成一幅图文并茂的思维导图。如图5-17所示。

图5-17

由于这首古诗一共八个半句，我们也可以用"合并法"画思维导图。即整首诗一共四个整句，把每个整句画在一条主分支上。先将每个整句提炼出一个关键词写在对应的主分支上。我们以第一句"国破山河在，城春草木深"为例。这句话主要交代了作者写这首诗时的国家背景，即国家沦陷。所以，我们可以提炼一个关键词就是"国破"，将它写在第一条主分支上。这两个半句就可以通过二级分支布局出来。其他分支以此类推，最后我们就得到了一幅不一样的思维导图。如图 5-18 所示。

图 5-18

古诗的理解需要我们在日常课堂上认真听取语文老师的讲解。如果课下再把老师讲的知识点画成思维导图笔记，会是一个非常不错的选择，这样对于古诗的理解和记忆就可以同步进行了。

以上就是关于如何用思维导图记忆古诗的具体步骤和策略，其实非常简单，一学就会。

拓展训练： 请将下面三首古诗画成思维导图。

相思

［唐］ 王维

红豆生南国，春来发几枝？
愿君多采撷，此物最相思。

回乡偶书

［唐］ 贺知章

少小离家老大回，乡音无改鬓毛衰。
儿童相见不相识，笑问客从何处来。

春夜喜雨

［唐］ 杜甫

好雨知时节，当春乃发生。
随风潜入夜，润物细无声。
野径云俱黑，江船火独明。
晓看红湿处，花重锦官城。

用原来一半的时间记忆一篇课文

背诵课文是学生时代花费时间最多的学习任务。在小学阶段我们大概要背诵的课文篇目在 150 篇左右，初中 132 篇左右，高中 70 篇左右。虽然数量看起来越来越少，但其实单篇内容量和记忆难度却越来越大。所以，随着年级的增长，学习压力越来越大，其中背课文就是一件让我们非常头疼的事。许多学生就是因为课文记不住导致考试成绩一塌糊涂。毕竟，记忆是一切学习的基础，是积累知识的重要能力。考试就像盖房子，要想盖好房子，我们首先要准备充足的建筑材料。

在日常背诵课文的过程中，大多数学生存在这样几个误区：

（1）只注重阅读，不重视理解。背诵课文时，声音很大，囫囵吞枣，不理解课文上下句或段落之间的逻辑关系。进而造成背诵课文时上下句连贯不起来，大脑一片空白。

（2）不注重课文的画面感。背诵课文时，看起来很努力，其实没有抓住关键。脑袋里全是文字，作者描述的故事情节或画面从来不去想。回忆课文时，只能靠熟练度，中间一字或词想不起来，就会导致后面的内容全部脱节。

（3）记住的课文不及时复习。没有任何记忆方法可以让我们过目不忘。只有及时复习才能让我们对课文久记不忘。

说完了背诵课文时的几个误区，接下来我们讲一下日常在背诵课文时的几个注意事项：

（1）通读课文。一切记忆都离不开阅读。所以，在记忆任何课文之前，都要通读课文，而且要发出声音。其实，我们不难发现，我们一般读不通顺的课文，记起来也非常困难。在通读的过程中，一定要标出生字词，以及在记忆过程中自己感觉比较抽象的字或词。先把这些生字词记住，才有利于我们流畅记忆。因为，有时候个别生字词没记住，会导致整个句子记忆断裂。思维导图中的关键图就可以在很大程度上改善这个记忆问题。

（2）梳理课文逻辑。作者的写作逻辑就是我们的记忆逻辑。所以，一定要梳理清句子和段落之间的逻辑关系，即推导关系。有时候，如果我们把自己当成作者而不是读者，就更利于理解课文的逻辑关系。要想看清作者的写作逻辑，我们可以用思维导图的分支进行关键词提取和布局。这样我们就可以对整篇课文的逻辑关系一目了然。

（3）长篇课文要循序渐进地背诵。如果要记忆的课文篇幅很长，一定要采取目标分解法，即把长篇课文分解成若干短篇。就像切西瓜一样，整个西瓜无从下口，可以切开一块块吃掉。我们在用思维导图阅读一本书时，也常常采取这个策略，即把书中每个章节画成一幅思维导图，而不是把整本书画成一幅思维导图。

（4）抓住遗忘规律，及时复习。课文记忆完毕后，一定要抓住以下三个复习节点：①刚记忆完毕，立刻复习，强化熟练度；②晚上临睡前，一般是晚九点左右，这一时间点大脑的记忆力特别好；③第二天晨读时间，一般是早晨7点~9点，这段时间为大脑一天中的黄金记忆时间。另外，传统的记忆方法，记忆过程很抽象、枯燥，复习时大脑更觉得无聊。如果可以画成思维导图，相信大脑在复习时兴趣会更浓，注意力更集中。

下面，我们讲一下用思维导图记忆课文的注意事项。

用思维导图记忆课文要抓住两个关键点：

（1）精准提取课文句子关键词，并通过分支形象化布局。

（2）使用丰富的关键图，特别容易遗忘的关键词一定要有关键图。

强化训练：请将以下句子提取关键词，并用图文并茂的分支布局出来。

(1) 詹天佑是我国杰出的爱国工程师。

图 5-19

(2) 书是我的精神食粮,它重塑了我的灵魂。

图 5-20

(3) 信任是朋友的拥抱,信任是老师的眼神。

图 5-21

（4）人们都爱秋天，爱她的天高气爽，爱她的云淡日丽，爱她的香飘四野。

图 5-22

用思维导图记忆白话文

接下来，我们以文章《蜜蜂》为例，画成一幅记忆地图。

蜜蜂

我是一只小蜜蜂。我们蜜蜂是过群体生活的。在一个蜂群中有三种蜂：一只蜂王，少数雄蜂和几千到几万只工蜂。我就是这千万工蜂之一。

我的母亲就是蜂王，它的身体最大，几乎丧失了飞行能力。这没有关系，它有千千万万个儿女，我们可以供养它，也算尽了孝道吧！在我的家族中，只有蜂王可以产卵，它一昼夜能为我们生下1.5万到2万个兄弟。蜂王的寿命大约是三年到五年，在我们家族中它可以说是寿星了。

在蜂群中还有一种蜂叫雄蜂，它和我们大不相同，它"人高马大"，身体粗壮，翅也长。它的责任就是和蜂王交尾。交尾之后，它也就一命呜呼了。

要说家族中数量最多、职责最大的还是我们工蜂。我们是蜂群的主要成员，工作也最繁重：采集花粉、花蜜，酿制我们的"口粮"，哺育我们的弟弟们，饲喂我们的母亲，修造我们的房子，保护家园，调节室内温度和湿度……别看这样，我们的身体是非常弱小的，我们的寿命也只有六个月，就像天空的流星一样——一闪即逝，仅有一点儿时间去闪耀自己的光辉。

首先我们来处理第一段。一般情况下一个段落有几句话，基本上可以确定这条主分支上要有几条二级分支。在第一段中一共有四句话，如果按照常理，至少要有四条二级分支。记忆课文的核心原理是抓住关键句以及关键词。其实在一个段落中并不是每句话都是关键句。在第一段中，像第一句"我是一只小蜜蜂"和最后一句话"我就是这千万工蜂之一"，因为这两句话几乎阅读一遍就可以记住，而且是通过其他句子可以推导出来的。知道了哪些是关键句，接下来就可以用符号法标记出关键句中的核心关键词，并用分支布局出来。

这幅思维导图的中心图顾名思义就是蜜蜂，把题目直接画成中心图。

图5-23

我们**蜜蜂**是过**群体生活**的。在一个**蜂群**中有三种蜂：一只**蜂王**，少数**雄蜂**和几千到几万只**工蜂**。

第一段的分支布局如下：

图5-24

处理完了第一段，我们来看第二段。在第二段主要讲蜂王，一共有四句话，每句话都非常重要。四句话依次讲解了蜂王的身体特点、生存问题、职责和寿命。所以，这一段要有四条二级分支。理清了上下句的逻辑关系，接下来就可以用符号法标记出关键句中的核心关键词，并用分支布局出来。

我的母亲就是**蜂王**，它的**身体**最大，几乎丧失了飞行能力。这没有关系，它有千千万万个儿女，我们可以供养它，也算尽了**孝道**吧！在我的家族中，只有蜂王可以**产卵**，它一昼夜能为我们生下1.5万到2万个兄弟。蜂王的**寿命**大约是**三年到五年**，在我们家族中它可以说是寿星了。

图5-25

文章第三段主要讲的是雄蜂，一共有三句话。每句话同样都是关键句。这三句话依次讲解了雄蜂的身体特点、责任以及生命特点。所以，这一段要有三条二级分支。理清了上下句的逻辑关系，接下来就可以用符号法标记出关键句中的核心关键词，并用分支布局出来。如图 5-26 所示。

在蜂群中还有一种蜂叫**雄蜂**，它和我们大不相同，它"人高马大"**身体粗壮，翅也长**。它的**责任**就是和**蜂王交尾**。交尾之后，它也就**一命呜呼**了。

第四段主要讲的是工蜂，虽然只有三句话，但是内容比较多。这三句话依次讲解了工蜂在家族中的特点、繁重的工作内容以及身体特点和寿命。所以，这一段要有四条二级分支。理清了上下句的逻辑关系，接下来就可以用符号法标记出关键句中的核心关键词，并用分支布局出来。如图 5-27 所示。

要说家族中**数量最多**、**职责最大**的还是我们**工蜂**。我们是蜂群的主要成员，工作也**最繁重**：采集**花粉**、**花蜜**，酿制我们的"**口粮**"，哺育我们的**弟弟们**，饲喂我们的**母亲**，修造我们的**房子**，保护家园，调节室内**温度和湿度**……别看这样，我们的**身体**是非常弱小的，我们的**寿命**也只有六个月，就像天空的**流星**一样——一闪即逝，仅有一点儿时间去闪耀自己的光辉。

图 5-26 蜜蜂

图 5-27

最后，我们就得到了一幅图文并茂的思维导图，即"记忆地图"。

根据这幅思维导图，再结合文章本身的表达逻辑，稍加复习就可以把课文内容背诵下来。因为，思维导图通过分支布局，把关键词之间的推导或并列关系，形象化地表达出来，有利于大脑理解句子间的逻辑关系。再结合丰富且有趣的关键图，整个记忆的过程不仅逻辑清晰，而且画面感十足，大脑的注意力也非常集中，记忆也就变得更加牢固。

假设在思维导图中没有丰富的颜色和关键图，大脑的记忆和理解效果会不会截然不同呢？接下来，我们通过对比，你就能够更加深刻地理解颜色和关键图在记忆过程中的重要性。图 5-28 即为带有关键图的单色思维导图。

相信通过对比，你的大脑一定会选择颜色丰富、图文并茂的思维导图。原因非常简单，因为它感兴趣。大脑只对自己感兴趣的内容记忆和理解效率高。而标准的思维导图笔记恰恰满足了大脑的这一思维喜好。所以，思维导图是辅助大脑记忆的黄金搭档之一。

有的同学可能会问，用思维导图辅助记忆，确实在记忆的过程中轻松了很多，记忆思路非常清晰。但是，有些句子中的非关键词会想不起来怎么办？很简单，多看两眼就可以了。对症下药，哪里不会强化哪里，实在不行就把这个词在句子中标记出来，在旁边画一个关键图强化记忆。我们大脑的基本记忆能力，完全可以解决这些小问题，并不是所有的记忆内容都要靠记忆法或思维导图。

如果分支数量太多，容易记混乱怎么办？比如，第四条主分支中"工作繁重"下面的三级分支数量就多达七条，数量太多，容易记乱，甚至有的干脆记不住。内容零散、数量太多一直是困扰大脑的一块绊脚石，不过别担心，教你一招轻松搞定这个难题。

图 5-28

解决这个问题的办法非常简单，就是把关键词联结起来，创造一种记忆关系。比如我们可以在大脑中联想这样一幅记忆画面：工蜂采集完花粉和花蜜，回到蜂巢酿制口粮，饭做好了去哺育弟弟们，弟弟们吃饱了再去饲喂自己的母亲。蜂王叮嘱它们要修造好房子，并保护好家园。时常还要调节下室内的温度和湿度。通过刚才的联想，相信你可以根据这条记忆关系，把这七条分支上的关键词轻松记住。

所以，记不住一定有原因，忘不了肯定有方法。

用思维导图记忆现代诗

要想用思维导图记好课文一定要多练。接下来我们用思维导图记忆余光中先生的现代诗《乡愁》。

《乡愁》是诗人余光中漂泊异乡，游弋于海外返台后所作的一首现代诗。诗歌表达对故乡、对祖国恋恋不舍的一份情怀。诗歌中更体现了诗人余光中期待中华民族早日统一的美好愿望。余光中的一生经历了频繁的奔波和迁徙，以及多次与亲人的聚散离合。1971 年，20 多年没有回过大陆的余光中思乡情切，在台北厦门街的旧居内写下《乡愁》这首诗。

《乡愁》

作者：余光中

小时候，

乡愁是一枚小小的邮票，

我在这头，

母亲在那头。

长大后，

乡愁是一张窄窄的船票，

我在这头，

新娘在那头。

后来啊，

乡愁是一方矮矮的坟墓，

我在外头，

母亲在里头。

而现在，

乡愁是一湾浅浅的海峡，

我在这头，

大陆在那头。

全诗共四节。一方面，诗人以时间的变化组诗：小时候——长大后——后来——现在，即四个人生阶段。另一方面，诗人以空间上的阻隔作为这四个阶段共同的特征：小时候的母子分离——长大后的夫妻分离——后来的母子死别——现在的游子与大陆的分离。诗人为这人生的四个阶段各自找到一个表达乡愁的对应物：小时候的邮票——长大后的船票——后来的坟墓——现在的海峡。由此，看到这首诗以时空的隔离与变化来层层推进诗情的抒发，构思极为巧妙。

所以，我们在用思维导图记忆余光中先生的这首诗的过程中，就要围绕小时候的邮票、长大后的船票、后来的坟墓、现在的海峡两岸四个方面展开。在这首诗中，时光的流逝和四个人生阶段的更替就是记忆的逻辑线。

首先，我们要画一个能够代表"乡愁"这个主题的中心图。比如，我们可以画一片海，一座山，一轮明月。海代表隔海相望；山代表大陆；月亮代表思念。如果觉得有难度，也可以只画月亮代表"乡愁"，如图 5-29 所示。

图 5-29

第一部分：

小时候，

乡愁是一枚小小的邮票，

我在这头，

母亲在那头。

图 5-30

第二部分：

长大后，

乡愁是一张窄窄的船票，

我在这头，

新娘在那头。

图 5-31

第三部分：

> 后来啊，
> 乡愁是一方矮矮的坟墓，
> 我在外头，
> 母亲在里头。

图5-32

第四部分：

而现在，

乡愁是一湾浅浅的海峡，

我在这头，

大陆在那头。

图 5-33

在用思维导图记忆课文的过程中,形象的关键词尽量都画关键图。这样可以增加课文内容的画面感,同时又能让记忆的过程变得生动、有趣。另外,凡是抽象难记的关键词一定都要画关键图。因为,关键图可以衬托出抽象的关键词,让记忆过程不再枯燥。相信看完这幅思维导图后,即使是第一次读到这首诗的朋友,也可以把原文内容复述出来。情真意切,字字灼心。

用思维导图记忆文言文

最后,我们来讲一下如何用思维导图记忆文言文。我觉得文言文是世界上最伟大的文体,或者说是世界上最伟大的"发明"。因为,在文言文中,几乎通篇都是关键词。古人用极简的语言风格来记叙、说明或议论。

而这种写作思维现在几乎"失传"了,学校里已经不教了。我在猜想,如果在上学的时候,每个人都懂得文言文的写作模式的话,不至于现在的学生一提到背诵文言文就头疼。

既然我们几乎不了解文言文的写作思维,所以只能反复阅读,直到滚瓜烂熟。但是,这个过程太枯燥,太无聊了。很多文言文读起来非常拗口,想读顺嘴有时候都不太容易。那该怎么办呢?用思维导图去记忆文言文会不会轻松一些呢?下面,我们就一探究竟。

我们用思维导图来记忆唐代文学家刘禹锡的文章《陋室铭》。

陋室铭

山不在高,有仙则名。水不在深,有龙则灵。斯是陋室,惟吾德馨。苔痕上阶绿,草色入帘青。谈笑有鸿儒,往来无白丁。可以调素琴,阅金经。无丝竹之乱耳,无案牍之劳形。南阳诸葛庐,西蜀子云亭。孔子云:"何陋之有?"

[译文]

山不一定要高,有了仙人就著名了。水不一定要深,有了龙就灵异了。这虽是简陋的房子,只是我的品德美好(就不感到简陋了)。青苔碧绿,长到台阶上,草色青葱,映入帘子中。与我谈笑的是博学的人,往来的没有不懂学问的人。可以弹奏朴素的古琴,阅读珍贵的佛经。没有嘈杂的音乐扰乱两耳,没有官府的公文劳累身心。它好比南阳诸葛亮的茅庐,西蜀扬子云的玄亭。孔子说:"有什么简陋的呢?"

首先确定中心图,既然是"陋室铭",我们就可以画一间普通的房子。如图 5-34 所示。

图 5-34

通读译文我们可以看出,前三句话可以画在第一条主分支内。作者通过讲道理,引出"陋室",然后再过渡到自己的品德上(惟吾德馨)。

图 5-35

第四句是第二条主分支。这句主要讲了陋室所在的环境,有碧绿的青苔和青葱的杂草以及作者所交往的人。

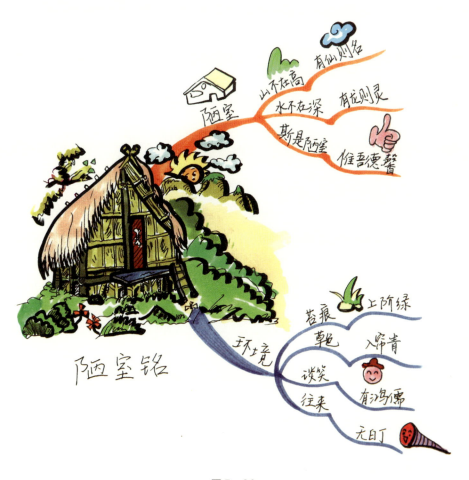

图 5-36

第五至第七句的内容画在第三条主分支内。这几句主要讲的是陋室里来来往往的有什么样的人,他们会在这里做什么,大家的感受是什么。

最后两句是把自己的陋室比喻成南阳诸葛亮的茅庐,西蜀扬子云的玄亭,并借用孔子的话点题收尾。

图 5-37

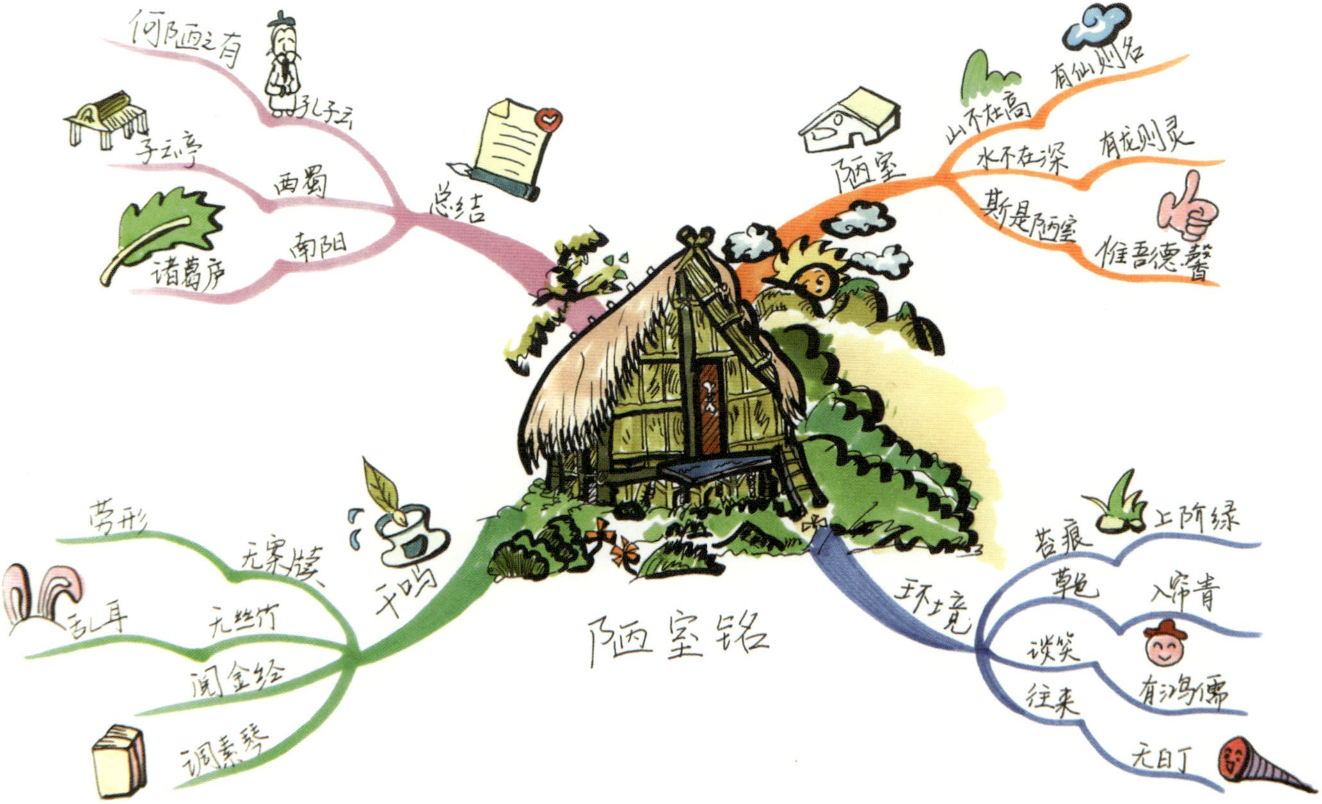

图 5-38

由于文言文中经常出现抽象的字或词,如果它们是关键词的话,一定要用形象的关键图来做标记。一方面可以加强记忆,另一方面又可以加深对这个字或词的理解。比如,这幅思维导图中的"惟吾德馨、鸿儒"等。仔细阅读这幅思维导图笔记,看看能不能把原文内容全部回忆出来。

接下来,我们用思维导图来记忆老子作品《道德经》中的内容。

第一章 众妙之门

道可道,非常道;

名可名,非常名。

无名,天地之始;有名,万物之母。

故常无欲,以观其妙,常有欲,以观其徼。

此两者同出而异名,同谓之玄。玄之又玄,众妙之门。

[译文]

大道,可以说出来的,就不是永恒的大道;

相名,可以命名的,就不是永恒的相名。

天地未成形的状态,是天地万物的开始;万物本原的命名,是生育万物的根源。

所以经常从无目的、无拘束、无局限的状态,来观察"道"的微妙;

经常从有目的、有拘束、有局限的状态,来观察"道"的真实。

无名无形、有名有形都来源道,是道的两种不同的形态和境界的同一真理,深奥啊,神妙啊,这是洞察宇宙间一切奥妙变化的门径。

这篇文章很抽象,道理很深奥。虽然有原文注释,但是读完之后还是觉得内容似懂非懂。这就是文言文，尤其是讲道理，阐述某种思想境界的文言文。不过别担心，即使没有完全理解，也可以用思维导图先记住，然后再慢慢理解。毕竟，考试的时候，不会等我们记住了再考试。

这篇文章一共四句话，我们直接画成四条主分支。如图5-39所示。

图5-39

不管用什么方法记，及时复习都最为重要。虽然思维导图不能让我们"过目不忘"，但是，我们在画思维导图的过程中，记忆和理解就自动产生了。画完思维导图后，不仅可以记起来更加容易，而且感觉大部分原文内容基本都理解了。当然，不能完全理解的部分，还需要跟着我们的语文老师认真去学习和思考。

画起来吧！你的大脑需要一幅"记忆地图"。

拓展阅读： 摸清人体生物钟，提高记忆很轻松。

科学家发现，人体拥有自己的生理时钟，各种生理波动时刻表如下：

1点钟：处于深夜，大多数人已经睡了3~5小时，由入睡期—浅睡期—中等程度睡眠期——深睡期，此时进入有梦睡眠期。此时易醒/有梦，对痛特别敏感。

2点钟：肝脏利用这段人体安静的时间，加紧产生人体所需要的各种物质，并把一些有害物质清除体外。此时人体大部分器官工作节律均放慢或停止工作，处于休整状态。

3点钟：全身休息，肌肉完全放松，此时血压低，脉搏和呼吸次数少。

4点钟：血压更低，脑部的供血量最少，肌肉处于最微弱的循环状态，呼吸仍然很弱。此时全身器官节律仍放慢，但听力很敏锐，易被微小的动静所惊醒。

5点钟：肾脏分泌少，人体已经历了3~4个"睡眠周期"（无梦睡眠与有梦睡眠构成睡眠周期），此时觉醒起床，很快就能进入精神饱满状态。

6点钟：血压升高，心跳加快，体温上升，肾上腺皮质激素分泌开始增加。此时机体已经苏醒，想睡也睡不安稳了，此时为第一次最佳记忆时间。

7点钟：肾上腺皮质激素的分泌进入高潮，体温上升，血液加速流动，免疫功能加强。

8点钟：机体休息完毕而进入兴奋状态，肝脏已将身体内的毒素全部排尽。大脑记忆力强，为第二次最佳记忆时间。

9点钟：神经兴奋度提高，记忆仍保持最佳状态，疾病感染率降低，对痛觉最不敏感。此时心脏开足马力工作，精力旺盛。

10点钟：积极性上升，热情将持续到午饭，人体处于第一次最佳状态，苦痛易消。此时为内向性格者创造力最旺盛时刻，任何工作都能胜任，此时虚度实在可惜。

11点钟：心脏照样有节奏地继续工作，并与心理处于积极状态保持一致，人体不易感到疲劳，几乎感觉不到大的学习和工作压力。

12点钟：人体的全部精力都已调动起来。全身总动员，需进餐。

13点钟：午饭后，精神困倦，白天第一阶段的兴奋期已过，此时感到有些疲劳，宜适当休息，最好午睡半小时到1小时。

14点钟：精力消退，此时是24小时周期中的第二个低潮阶段，此时反应迟缓。

15点钟：身体重新改善，感觉器官此时尤其敏感，人体重新走入正轨。学习和工作能力逐渐恢复，是外向型性格者分析和创造最旺盛的时刻，可持续数小时。

16点钟：血液中糖分增加，但很快又会下降。

17点钟：学习和工作效率更高，嗅觉、味觉处于最敏感时期，听觉处于一天中的第二高潮。此时开始锻炼比早晨效果好。

18点钟：体力和耐力达一天中最高峰，想多运动的愿望上升。此时痛感重新下降，运动员此时应更加努力训练，可取得好的运动和训练成绩。

19点钟：血压上升，心理稳定性降到最低点，精神最不稳定，容易激动，小事可引起口角。

20点钟：当天的食物、水分都已充分贮备，体重最重。反应异常迅速、敏捷，司机处于最佳状态，不易出事故。

21点钟：记忆力特别好，直到临睡前为一天中最佳的记忆时间。

22点钟：体温开始下降，睡意降临，免疫功能增强，血液内的白细胞增多。呼吸减慢，脉搏和心跳降低，激素分泌水平下降。体内大部分功能趋于低潮。

23点钟：人体准备休息，细胞修复工作开始。

24点钟：身体开始其最繁重的工作，要换已死亡的细胞，建立新的细胞，为下一天做好准备。

第六章

用思维导图摆脱数学"题海战术"

- 数学老师忘了告诉我们的小秘密
- 用思维导图整理数学课堂笔记
- 用思维导图厘清解题思路
- 用思维导图管理错题本

数学老师忘了告诉我们的小秘密

每个人对数学知识的求知欲是不同的，在学习中遇到的困难也不一样。要想学好数学，掌握基础知识很重要。记忆是一切学习的基础。理解是学好数学的核心，不能理解的知识点或计算公式，即使背得滚瓜烂熟，在考试中一点作用也没有。因为不理解就不会用。要想学好数学，不妨尝试以下六个步骤。

课前预习

在课前把老师即将教授的单元内容浏览一次，并重点留意不明白的部分。

认真听讲

老师课堂上的讲解绝对要比同学们自己看书更清楚，所以在课堂上务

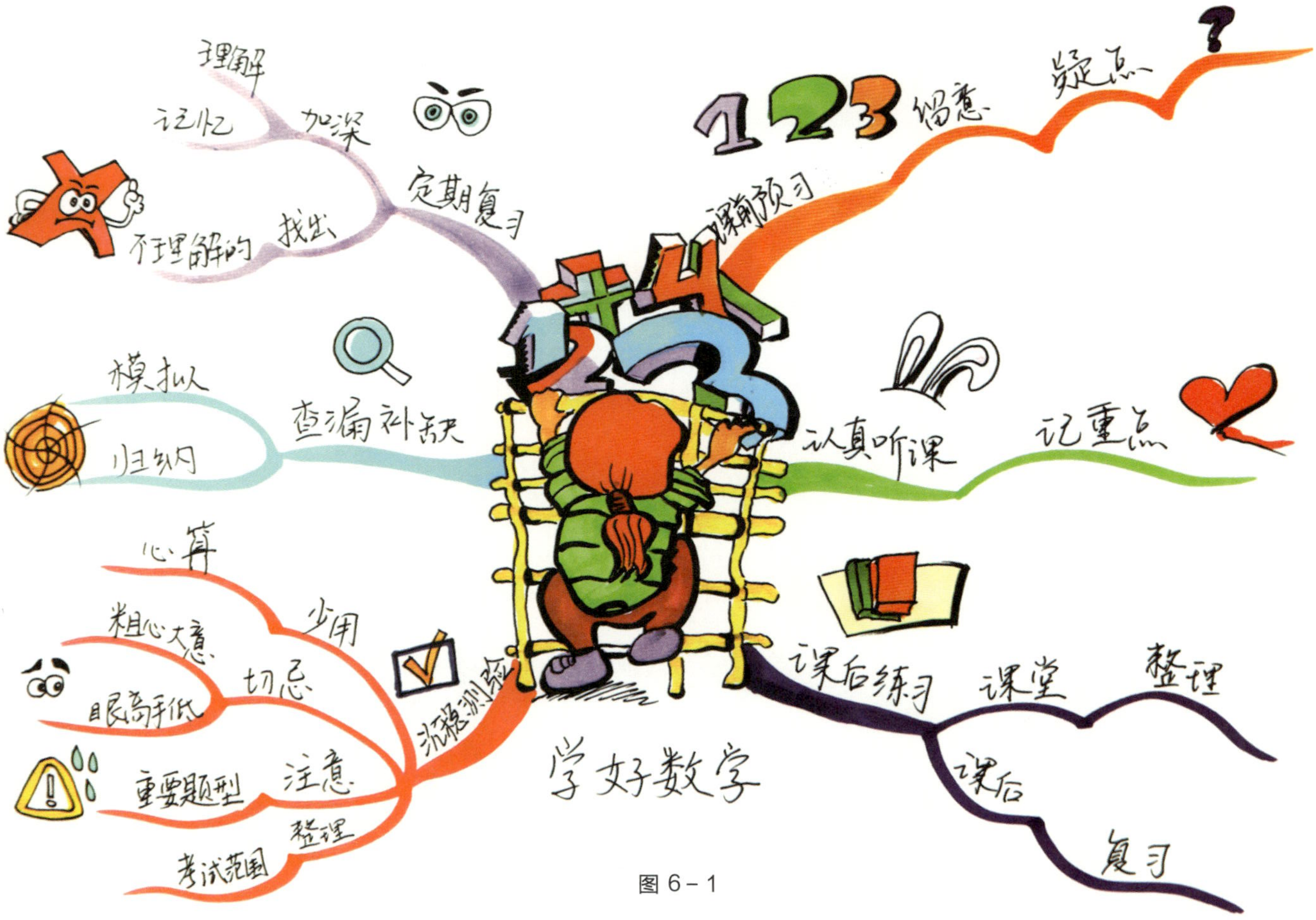

图 6-1

必要用心听，切勿自作聪明。如果老师讲到你课前预习时不明白的那部分，你就要特别注意，专注去听，去理解。上课时尽可能把当课重点记下来，比如定义、定理、公式等。这样回家后只需花很短的时间，便能把当天所学的课程复习完毕，事半功倍。只可惜许多同学上课像看电影，欣赏完老师的精彩"表演"，下课后什么都不记得，一问三不知，笔记也没做，白白浪费一节课。

课后练习

有数学课的当天晚上，要把当天教的内容整理一遍。不管是定义、定理还是公式，该背的一定要背熟。有些同学以为数学注重逻辑推理，不用背，课上不做笔记，课下也不复习，这种观念是不对的。如果连课堂上的基础知识都记不住，解题时一定大脑一片空白。好比医师若不将重要的医学知识、用药知识等牢记于心，就没有办法在第一时间救人。

课堂重点整理完后，要适当练习。先将老师上课时讲解过的例题做一次，然后做课本习题。若有余力，再做参考书或任课老师所发的补充试题。如果遇到难题一时解不出，可先略过，以免浪费时间，待闲暇时再作挑战，若仍解不出再与同学或老师讨论。只要思想不滑坡，方法总比困难多。

另外，解题时一定要亲自动手演算。很多同学常会在考试时解题解到一半，就解不下去了。分析其原因往往是因为日常不会的题目问完同学或老师后，以为自己听明白了，没有亲自再演算一遍。在考试时，想不起来核心步骤，导致解不出答案。

沉稳测验

考前一定要把考试范围内的重点再整理一次，老师特别提示的重要题型一定要注意。考试时，遇到会做的题目不要眼高手低、粗心大意，一定要认真计算。考试时常计算错误的同学，尽量把计算速度放慢，少使用"心算"。考试的基本目标是利用有限时间拿高分，而不是作学术研究，所以遇到较难的题目不要硬解，可以先跳过，等到试卷中会做的题目都做完后，再利用剩下的时间挑战难题。如此便能将实力完全发挥出来，拿到最完美的结果。

考试时容易紧张的同学，有两个可能的原因：

1）准备不够充分，以致缺乏信心。这样的同学要加强考试前的准备。

2）对考试成绩预期太高，万一遇到几道难题解不出来，心思不能集中，造成分数更低。这样的同学必须调整心态，根据实际水平设定切实可行的考试目标。

查缺补漏

数学家拉普拉斯曾说："在数学中，我们发现真理的主要工具是归纳和模拟。"所以，测验结果出来后，不论分数高低，都要把做错的题目再订正一次，并演算出正确答案。务必找出错误原因，查缺补漏，在错题本中记录清楚。我们不能被一个坑绊倒两次。

定期复习

一个单元学完后，我们要从头到尾把整个章节的重点内容再复习一遍。要特别注意标题，一般而言，每个小节的标题就是该小节的总结，也是最重要的。在复习过程中，找出自己没有理解透的概念或公式，然后有针对性地加深记忆和理解。说实话，这一点思维导图会帮上很大的忙。

自学数学是有很大难度的。要想学好数学,每一个环节都离不开教师的积极引导、点拨,更需要学生积极主动的学习精神。只有师生之间的积极配合,才能取得教与学的最佳效果。

用思维导图整理数学课堂笔记

记忆虽然不是学好数学的核心,但它是学好数学的基础。在数学课上,听什么,记什么,决定了我们能否抓住一堂课的重点。所以,数学课堂笔记对于每个学生来说都很重要。有的同学喜欢直接在数学书上做批注,有的同学喜欢记录在笔记本上。今天我们来讲一讲如何用思维导图整理数学课堂笔记,让抽象的数学逻辑"活"起来。做好听课笔记,学生的思想进程才能与老师的思想进程一致,抛开与听课无关的杂念,大脑不容易溜号。因此,要学好数学,必须养成良好的学习习惯,特别要注意认真记好、用好课堂笔记。

首先我们看一下记数学笔记常见的三个误区。

误区一: 笔记成了教学实录

有的同学习惯于"老师讲,自己记,复习背,考试模仿"的学习,一节课下来,他们的笔记往往记了密密麻麻的几页纸,成了教学实录。这样做容易忽略老师的一些精彩分析,对知识的理解容易停留在表面,增加了学习负担，学习效率反而降低。

　　上课要以专注听讲和思考为主，并简要地把老师讲的重要思路记下来。同时，要记下自己的疑问或闪光的思想。如老师讲概念或公式时，主要记知识的发生背景、实例、分析思路、关键的推理步骤、重要结论和注意事项等；对复习讲评课，重点要记解题策略，如审题方法、思路分析、最优解法等，以及典型错误与原因剖析，总结思维过程，揭示解题规律。记笔记时，不要把笔记本每一页都记满，要留有余地，以便课后总结、整理。这样既可以提高听课效率，又有利于课后有针对性地复习。

　　切记：听记结合，听为主，记为辅，课堂笔记要抓关键知识点！

误区二： 笔记本成了习题集

　　有些同学的数学笔记本，是试题大全以及一些解题技巧、一题多解之类的集锦，很少涉及知识点之间的联系、思想方法的提炼及解题策略的整理。没有自己的钻研体验，笔记本成了典型的习题集。这样一味做题抄录，很难领悟其中蕴含的重要数学思想和方法，是不容易学好数学的。

　　典型习题及其解法要记，但不能就题论题。而是要把重点放在习题价值的挖掘上，即注意写好解题评注。易错之处或重要的解题思想，要用简短精练的词语作为评注，把闪光的智慧用笔记下来。俗话讲"好记性不如烂笔头。"隔一段时间后，再把它们拿出来推敲一番，往往会温故知新。

　　切记：笔记应该成为自己学好数学的宝贵心得！

误区三： 笔记本成了过期"期刊"

　　有些同学的笔记本好比过期期刊，没有发挥应有的作用。事实上，好的笔记是课本知识的浓缩、补充和深化，是思维过程的展现与提炼。合理利用笔记可以节省时间，突出重点、提高效率。当然，还要经常对笔记进行阶段性整理和补充，建立有个性的学习资料体系。如可以分类建立"错题集"，整理每次练习和考试中出现的错误，并作剖析；还可以将笔记整理为"妙题巧解""方法点评""易错题"等类别。只要这样不断扩大成果，就能消除"盲点"，走出误区，到了紧张的综合复习阶段，就会显得轻松、有序，还可以腾出更多的精力和时间，把所学知识系统化、信息化。思维导图在知识分类上一定会帮上大忙。

切记：数学笔记要常用常新，不断精进！

那么，数学高手日常是如何记数学笔记的呢？

准备专用笔记本

每人应准备一本专用数学课堂笔记本，没有笔记本，势必会产生这样的局面：有时记在书上，有时记在练习本上，有时记在试卷上。虽然表面上也算记了笔记，但实际到用时却无处可查，一头雾水找不到。有了专用笔记本，平时查阅方便，在复习时，可通过笔记回忆老师讲解的知识，突出复习重点。

课堂笔记抓重点

刚开始记课堂笔记，有的同学将老师课堂上讲的、黑板上写的都详细记下来，把课堂笔记本变成了"教学实录"，课堂上弄得自己很紧张，累得满头大汗，手腕酸痛，不仅影响了听课效果，结果成绩还是没有提高。那么，数学课堂笔记应该记哪些内容呢？

1. 记提纲

老师讲课都有提纲，并且是边讲边写在黑板上，这些提纲都是老师课前准备好的，反映了本节课的知识结构、系统和要点，对于同学们理解、掌握新知识以及课后复习很有帮助。课堂上，老师讲的内容那么多，全部记下来没有必要。上课时又疲劳又紧张，根本没有时间去思考老师讲的问题。提纲是一堂课的骨架和脉络，记提纲可以梳理知识，巩固记忆。记笔记时要边记边体会，力争不重不漏。如果把老师的提纲直接画成思维导图，相信一定事半功倍。

2. 记异处

异处，就是不同于课本的内容，老师讲课大多不会照本宣科，除了对上课的内容顺序、详略适当调整外，往往还要补充一些内容，包括例题、习题、方法和疑难解析等，这有利于同学们启迪思维，扩大知识面。应注意老师的启发诱导、分散讲解和设疑讨论，根据老师的阐释和板书，有条理、有针对性地整理在课堂笔记中，同时，要把课堂上一时没听清或没听懂的内容记下来，课后和老师探讨，这将有利于拓宽自己的思维空间。

3. 记方法

记方法，是指老师在讲解例题或者习题时，同学要记解题思想、方法和技巧，这对开发智力、培养能力大有益处。要记录思路、方法、小结和内容之间的联系。在数学教学过程中，老师会不断地介绍一些解决问题的思路、方法和技巧。记笔记时要侧重记下分析的关键依据和思路、解答的步骤，并归类掌握，使解题有规可循，有法可依，便于总结各知识点、各部分知识之间的联系，使知识、思维网络化，这对综合复习、提高解题能力大有益处。

4. 记问题

记问题，是指把课堂上没有听懂的知识或疑点记下来，课后与同学讨论或请教老师，这样能澄清模糊认识，更好地理解、掌握新知识以及新旧知识的联系。在数学课堂教学中，老师常会说"注意"，提醒学生易上当、易错、易误解和易产生错觉的问题，以及以课外作业的形式留给学生讨论、思考、观察的问题，这些都是透彻理解和全面掌握数学规律的关键点。

5. 记体会

记体会，就是把自己对老师所讲的课堂内容经过思考得到的体会简要记下来。著名数学教育家G·波利亚说："如果没有反思与总结，我们就错过了解题的一个重要而有益的方面。通过回顾所完成的解答，通过重新考虑和检查这个结果以及得出这个结果的路子，我们可以巩固所学的知识，提高自己的解题能力。"所以，同学们应重视对学习体会的记录。

尽管我们知道了数学课堂笔记要抓哪些要点，但是，如果我们还是采用传统线性笔记去整理的话，想必又是文字符号一大堆，最后搞得事倍功半，效率不高。所以，接下来我们讲解一下如何用"数学思维导图笔记模型"来做好课堂笔记。单从课堂笔记要抓的要点来看，一共有记提纲、记异处、记方法、记问题、记体会五个方面，所以一幅完整的数学思维导图笔记，一般包含五条主分支，如图6-2所示。

有了"数学思维导图笔记模型"，我们只需要把当堂课的知识点以及自己的经验总结，分门别类地画在对应的主分支后面，然后再通过三级分支具体描述这个知识点。假设，二级分支上的关键词是"运算公式"，那么三级分支上就应该是具体的数学公式了。也就是说，分支上的知识点一定要具体，不能太笼统。

但是，并不是每一节数学课都可以涉及这么多方面。可能一节课就讲了几个数学概念，一个公式，几道习题而已。所以，我们要特别提醒大家，"数学思维导图笔记模型"只是为大家提供一个完整的记录笔记的参考。

图6-2

我们在日常的记录数学笔记的过程中,可以在它的基础上进行分支的删减,甚至增加。可能我们在记录数学课堂笔记时,老师没有讲解当堂课之外的知识点,"记异处"这条主分支就用不上了,所以这幅数学思维导图笔记,实际上只有四条主分支。

如果一堂课的数学知识点特别多,或者我们去归纳、整理一周的数学要点的话,完整的"数学思维导图笔记模型"会帮助你一目了然地做好课后的总结和复习。当然,记得使用丰富的关键图,让你抽象的"数学树"开花结果。

由于每堂数学课的内容量不尽相同,所以,用思维导图记录课堂笔记,其参考模型有时候也"花样多变"。不过,归根结底都是为了更好地把课堂笔记系统化地归纳、整理,有利于课后大脑的记忆和深度理解。

图6-3

注意用好课堂笔记

记笔记并非是"摆花架子"给别人看,而是为了吸收知识,把课学好。所以,学生应注意充分用好课堂笔记。最好每天安排10分钟左右的时间看一遍当天的课堂笔记。在单元复习、期中复习、期末复习时要认真阅读课堂笔记,要用后面的新观点、新知识理解前面学过的问题,将很多需要理解记忆的知识,顺其自然地牢记在心,这样才能提高学习效率。

总之,用思维导图记好数学课堂笔记,将会使你受益终生。

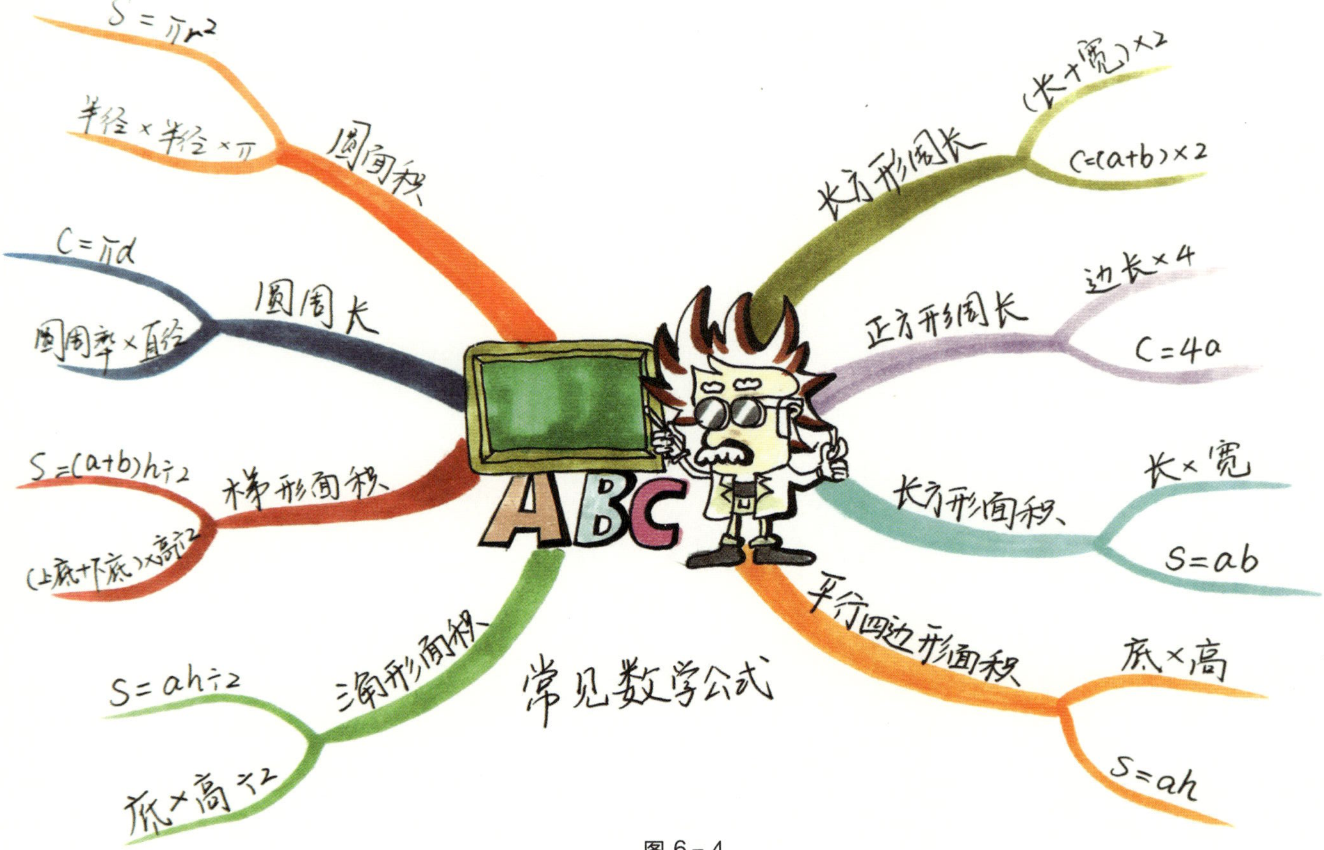

常见数学公式

- 长方形周长 (长+宽)×2
- 正方形周长 边长×4　C=4a
- 长方形面积 长×宽　S=ab
- 平行四边形面积 底×高　S=ah
- 圆面积 $S=\pi r^2$　半径×半径×π
- 圆周长 $C=\pi d$　圆周率×直径
- 梯形面积 $S=(a+b)h\div 2$　(上底+下底)×高÷2
- 三角形面积 $S=ah\div 2$　底×高÷2

图 6-4

用思维导图厘清解题思路

一般人认为数学是一场永无止境的"刷题战",许多人沉浸在"题海战术"中无法自拔。殊不知,做题固然重要,但最关键的还是厘清解题思路,养成数学思维。在数学考试中,总有同学觉得时间不够、时间过得太快,因而造成有部分题目来不及答。其根本原因是解题思路不清晰,进而解题速度太慢!那么,该怎样提升解题速度呢?

牢记基础知识点

牢记基础知识点是一切学习的前提,否则解题无疑是无米之炊。当然,记住只是学好数学的第一步,最核心的还在于理解和应用,总结成数学体系。

夯实基本方法

大部分数学试题都能用基本方法求解,而一些特殊方法是在基本方法上延伸而出的。所以我们要熟记、熟练基本的解题方法,打好数学这栋万丈高楼的坚实地基。

扎实的运算基础

数学解题过程中,会有大量的运算,而运算是最耗时间的,也是不容出错的。如果没有扎实的运算功底,那么我们就会比别人花更多的时间解相同的题目。最终分数也会从这儿拉开！

快捷工整的书写表达

有的同学追求试卷的完美整洁，书写得很慢，导致隐性失分。应该不求完美，但求工整和准确。

以上这些都是提升解题速度的基本功。除此之外，在解题过程中一定要做到：思考的过程要戒骄戒躁；审题的要求要主次分明；做题的时候要细心谨慎；答案的步骤要条理清晰；检查的内容要有条不紊。这样才能保证最终的正确率。

经常有同学说，考试时解题思路不清晰，解题条件混乱。其实，不管什么数学题，求解的思路几乎都是固定的。我们来看一个思维导图解题模型，如图6-5所示。

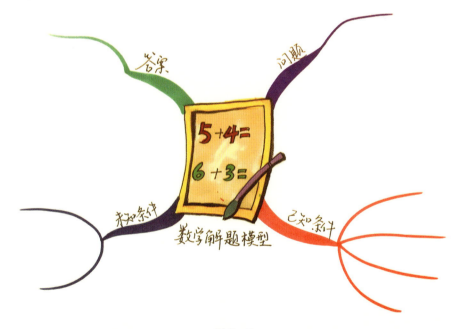

图6-5

在这个解题模型中一共有四条主干，分别是求解（问题）、已知条件、未知条件和答案四个部分。不要小看了这个简单的解题模型，就是这样一个不起眼的条件分类，就可以协助大脑在解题过程中厘清思路。因为，它可以让你目标更聚焦，解题时更便捷地找到所需要的条件，不必再回到题目里去寻找。为解题争取到更多宝贵时间的同时，又可以看到整个解题的全过程。为工整地写出解题步骤，提供了强有力的参考。

接下来，我们用数学解题模型来求解下面的这道题。

甲乙两车从两地同时出发相向而行，甲车每小时行 30 千米，乙车每小时行驶的速度是甲车的 2 倍，两车经过 3 小时相遇。两地相距多少千米？

解题模型如下：

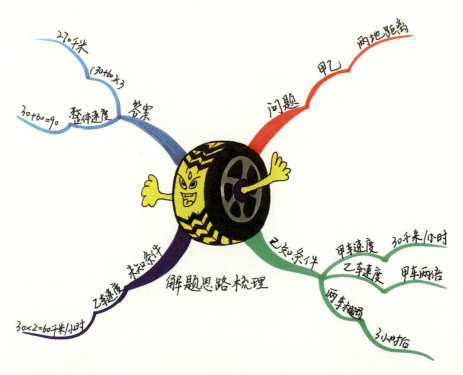

图 6-6

画完解题模型，整道题一目了然。

需要求解的是两地的距离。

已知条件有：

甲车的速度 30 千米/小时；

乙车速度是甲车的 2 倍；

两辆车经过 3 小时相遇。

未知条件是乙车速度，而且乙车速度是甲车的 2 倍，所以乙车速度就是 $30 \times 2 = 60$ 千米/小时。

最后，两地距离就是（甲车速度 + 乙车速度）$\times 3 = 270$ 千米。

题目本身其实没有变，变的只是它的排列结构而已。用解题模型对于大脑来说，阅读和运算起来就非常清晰、流畅。老师讲解也更加轻松。

因为读者的群体不同，数学基础也不一样，所以我们多以简单的数学题型举例，方便大家理解。接下来，我们再用数学解题模型来求解下面的这道题。

仓库里有一批化肥，第一次取出总数的 $\frac{2}{5}$，第二次取出的比总数的 $\frac{1}{3}$ 少 12 袋，这时仓库里还剩 24 袋。两次共取出多少袋？

解题模型如下：

这道题需要求解的是两次共取出多少袋。

未知条件是仓库里的总数量，我们可以假设为 x。

已知条件有：

第一次取出总数的 $\frac{2}{5}$；

第二次取出总数的 $\frac{1}{3}$ 减去 12 袋；

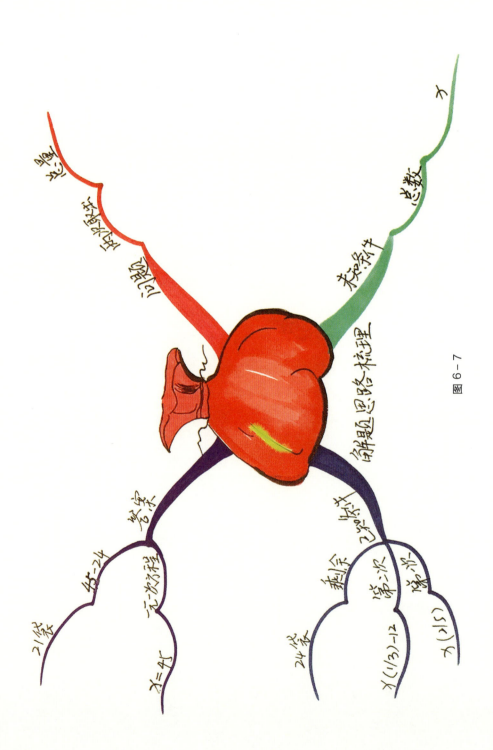

图 6-7

仓库里剩余 24 袋。

先要求出仓库里的总数是多少。

所以，未知条件仓库总数设为 x

$$\frac{2}{5}x + \left(\frac{1}{3}x - 12\right) + 24 = x$$

这是一个一元一次方程。x = 45，也就是仓库里的化肥总数是 45 袋。

最终答案就是 45 − 24 = 21 袋。

思维导图能让解题的思路更清晰、流畅，但思维导图不会解题。所以，在提升解题速度的技巧中，我们讲过：要牢记基础知识点，熟记、熟练基本的解题方法。否则会让你感觉"书到用时方恨少"。

用思维导图管理错题本

错题本，也叫纠错本、改错本、错题集。是学生在学习过程中，把自己做过的作业、习题、试卷中的错题整理成册，便于找出自己学习中的薄弱环节，使得学习重点突出、学习更加有针对性，进而提高学习效率、提高学习成绩的作业本。

错题本不一定只有错题，应该还包括易错题、难点题和典型题等。所以，在错题本使用过程中，建议同学们不仅仅整理自己做错的习题，同时还把容易出错的题、难点题、典型题、好题等一并整理出来。

高品质的错题本对我们的日常学习有三大作用：

归纳学习问题

错题本可以详细且连续记录学习过程中各类错题,是学习问题的集合。它明确记录了我们在考试过程中可能失分的地方,为日后解决问题提供具体的方向。

聚焦学习目标

有了错题本,学习重点会更加明确。以解决问题为核心,把宝贵的时间用在薄弱的知识上,丢分减少,逐步提高考试成绩。

养成良好的学习习惯

收集错题是主动克服学习问题的表现,在此过程中,通过不断地整理和总结自己学习中的错题,不仅可以加深对错题的记忆和理解,还可以通过长期坚持养成及时复习总结的良好学习习惯。

要想用好错题本,吃透错题是关键。如果错题本里只是收集了一大堆错题,但考试时遇到同样题型还是不会解,一问三不知,那就等于白白浪费时间。所以,我们在收集好错题或经典题型的基础上,还要熟练掌握解题思路,夯实数学思维。由于数学题型不是记住就能解的,所以日常的听课质量尤为重要。如果课后有疑问,一定要及时找同学或老师解答,切勿越积越多。考试中的错题也是一样的,收集到错题本后,要仔细听老师或会做的同学讲解。把解题思路、技巧、注意事项都详细记录下来,方便自己巩固强化。

接下来,和大家分享一个错题管理模型,如图 6-8 所示。

图 6-8

做好错题管理，今后再遇到相关题型才能迎刃而解，错题本才有实用价值。剩下的，就是要定期复习错题本，对里面的错题或经典例题加深理解。如果时间充裕，偶尔来点"题海战术"也未尝不可，只是不要一味地刷题不求甚解，毕竟养成数学思维才是关键。

第七章

用思维导图走出英语"语法迷宫"

为什么一上英语课脑袋就成浆糊

用思维导图整理英语课堂笔记

用思维导图"一网打尽"语法知识点

拓展应用1：用思维导图"裂变"背单词

拓展应用2：用思维导图记忆英语课文

为什么一上英语课脑袋就成浆糊

我们都知道要想学好英语,必须先击倒三只"拦路虎",即单词、发音和语法。因为,单词记不住,上课听不懂;发音不标准,影响口语表达;语法不明白,考试必然一塌糊涂。所以,我们要想办法学会驯服三只"拦路虎"的方法。要不然,一上英语课,脑袋真的容易成"浆糊"。

想学好英语,我们要做到以下几点:

牢记单词,累积词汇量

单词就像建筑的砖瓦,是学好英语的基础。因为我们几乎都不是生活在英语环境里,所以我们不可能用英语与身边的家人或朋友交流,所以词汇量就显得尤其重要。词汇是基础也是开始,不仅要能准确地拼读和默写,还要明白每个单词的意义和用法。累积词汇量千万不要死记硬背,死记硬背不仅浪费时间,而且还没效率。我们可以尝试用联想记忆法、语境

图 7-1

记忆法、词根词缀法等来背诵单词。

系统掌握语法知识点

语法是将词汇组织成句子的规则。有词汇量，如果语法不明白，考试时一定还是阻碍重重。另外，许多同学脑袋里的语法知识点是散的，学习过程就像"打地鼠"，复习时无法串联成语法体系，考试时理不清头绪。思维导图在这方面有得天独厚的优势，会帮助我们"一网打尽"语法知识点，学习起来一目了然。

背诵经典英美范文

背诵一定量的经典范文，不仅有利于提高学生的阅读理解能力，还对提高英语写作能力有很大帮助。当然，背诵的范文尽量选择地道的英美文章，而不是中国人写的英语文章。毕竟我们和外国人的思维方式还是存在明显的差异。

磨耳朵练听力

学习语言的基本方式就是听说读写。听音频或欣赏英文电影，经常磨耳朵，时间长了，听到的内容就会被正确地反应在我们的大脑中。听的过程中要有代入感，什么是代入感呢？比如，我们在听到"sorry"这个词后，不会将它直接翻译成为"对不起"，而是感受到"愧疚感"，想到哪里做得不对。再比如听到"swim"这个单词后，我们脑海里应该直接浮现出游泳的样子，而不是英语单词"swim"。这就是代入感，也就是身临其境。

敢于表达，说出来

学习的目的归根结底只有一个就是学以致用。只会听和写的语言是死的，能流利地表达出来的语言才是活的，有用的。因此一定要敢于表达，大胆说出来。道理很简单！一个人想跑步，但却不去跑，而是整天坐在家里研究如何跑步，结果研究了十年，还是不会跑步。同样道理，一个人研究了十年语法，但却从来没有真正开口说过，于是在对外交流的场合，就舌头僵硬、耳朵失灵，成了聋子英语、哑巴英语、语法英语、考试英语。所以，说出来才能真正用起来。

英语学习不是一朝一夕的事情，基础很重要。很多同学讨厌学英语，究其原因还是没有找到学习英语的乐趣所在。所以，接下来我们就用思维导图把英语学习变成一件好玩、有趣的事情。

用思维导图整理英语课堂笔记

课堂笔记在英语学习中起着十分重要的作用。老师在课堂上教授知识，如果学生仅凭大脑记忆而不动笔记录，可能一两节课内容还可以记住，但累积到一定量后就会逐渐遗忘。如果再想去复习，无从参考，最终将一无所获。而且，英语学习是一个循环往复，不断巩固记忆和理解的过程，短时记忆是很难奏效的。如果在听课的同时记下讲课的纲要、重点和疑难点，再用自己的语言记录清楚对所学知识的理解和体会，这样复习起来就会更便捷。

英语课堂非常注重学生听说读写的训练，老师也多数是在口头上引导学生，启发学生，所以老师在讲课过程中所讲的内容可能会比较多。那么在这个阶段就要求学生学会有所选择地去记笔记了。

首先要把握记笔记的时机，记笔记的前提就是不能影响所讲和思考。一般来讲记笔记的时机有三个：一是老师在黑板上写字时，要抓紧时间抢记要点；二是老师讲授重点内容时，要挤时间速记、简记；三是下课后，要尽快抽时间去补记。另外，不要当"录音机"，不要试图把老师讲的每句话都记下来，不仅不可能，也毫无必要。最有效的笔记，不是有言必录，而是要抓住重点，简洁清楚。当老师说"大家一定要记住……"或"这一点非常重要……"时，学生就应注意记录老师即将讲到的关键内容。

日常整理英语课堂笔记要注意以下三点：

（1）知识分类要清晰，便于日后查找复习。

（2）侧重疑点与难点，做好勤问多查。

（3）学会借鉴笔记，查缺补漏。

复习过程中，除了看自己的笔记外，也可以借鉴那些成绩好的学生的笔记。因为这些同学的自主思维积极性高，往往不满足于所学知识的现状，他们的课堂笔记中不光有课堂上老师所讲授的行之有效的学习方法，还有自己的补充。时间长了，还会无形中带来良好的影响，培养其他学生求异、求新、求奇的思维方式。当然，不能因此自己在课堂上不记笔记，下课直接抄别人的笔记。这是一种很不好的学习习惯，而且不利于锻炼自己的综合学习能力。

英语学习需要不断巩固，但是许多同学的笔记好比过期的期刊，时间一长就丢到一旁，没有发挥出它应有的作用，甚至记完就再没看过，非常可惜。这就是传统线性笔记的特点,笔记做完了,不仅当时的记忆和理解程度不高,就连复习也缺乏兴趣。

用思维导图整理英语课堂笔记就不一样了,一图抵千言。

接下来,我们看一下英语课堂笔记模型,如图7-2所示。

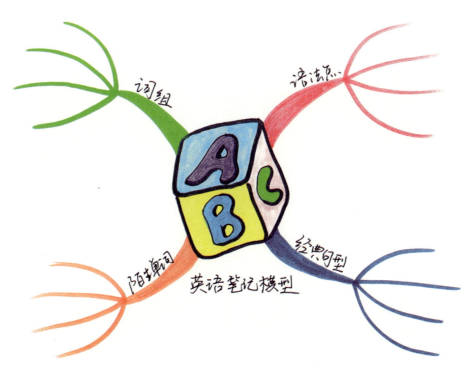

图7-2

像用思维导图记语文、数学笔记一样,英语笔记模型也是可以在它的基础上,根据实际课堂内容进行主分支删减或增加。因为,有可能老师一节课只讲单词,或者把上一节课讲过的语法点又讲一遍。说到底,无论什么学科的笔记模型都要活学活用。

我们以英语句子为例,来画一张比较详细的思维导图,如图7-3所示。

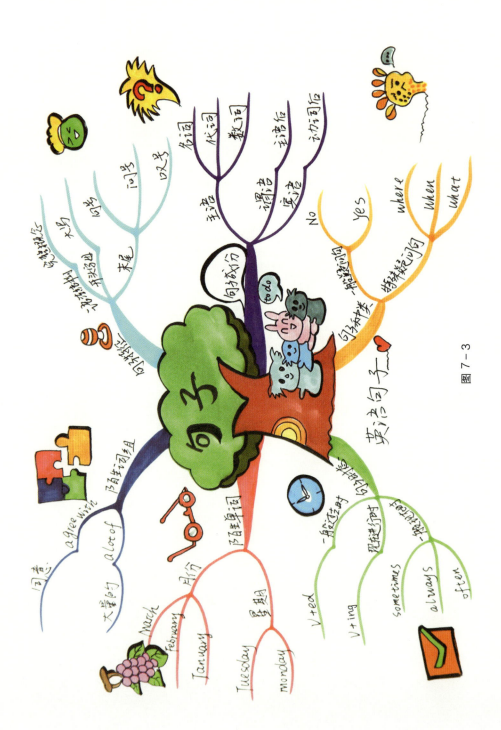

用思维导图"一网打尽"语法知识点

学习英语语法并不只是会做单选题,背语法规则,而是要重视在真实的语境中、课文阅读中、美文赏析中、范文的记诵中感知和运用语法,从而达到用英语进行口头、笔头交际的能力。然而,我们日常累积语法知识点的过程相对比较零散,这一节课学一点,下一节课再学一点。最后每个同学脑袋里全是"零件",没有办法把它们组装成一台"汽车"。考试时语法点关联不起来,成绩就不理想。

举个简单的例子,假如你把家里所有的东西都堆积在客厅里,想要找某件东西时,一定会焦头烂额,甚至无从下手。而如果我们把属于客厅的摆放到客厅,属于卧室的摆放到卧室,属于厨房的摆放到厨房,属于洗手间的摆放到洗手间,我们再去找某件东西时,一定会非常简单。这就是分类和系统的重要性。所以,用思维导图整理语法知识点的核心在于"有效分类",就是把英语课堂笔记中有关联性的语法点串联起来,画成思维导图笔记。

句子结构分析是学习英语语法的一个极其重要的环节,通过句子结构分析不仅能加深对语法知识的理解、运用,而且能有效提高阅读理解能力和写作能力。学生的考试成绩是好是坏归根到底取决于学生能力的高低。这里所说的"能力",表面上体现为"听、说、读、写、译"的能力,而这些能力,尤其是"读、写、译"的能力,与句子结构分析能力有着密切关系。用思维导图可以深度剖析句子结构,还原大脑理解过程,高效掌握语法点。如图7-4所示。

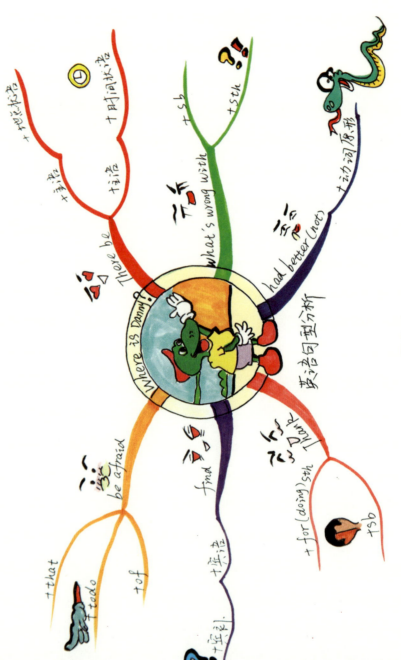

图 7-4

举例：

句型 1：There + be + 主语 + 地点状语/ 时间状语

There's a boat in the river.

河里有条船。

句型 2：What's wrong with + sb. / sth. ?

What's wrong with your watch?

你的手表有什么毛病？

句型 3：had better（not） + 动词原形

You'd better ask that policeman over there.

你最好去问问那边的那个警察。

句型 4：Thank + sb. + for（doing）sth.

Thank you for coming to see me.

感谢你来看我。

句型 5：find + 宾语 + 宾补

He finds it very hard to travel around the big city.

他发现要环游这个大城市是很难的。

句型 6：be afraid（of / to do / that…）

I'm afraid not. 恐怕不能。

Don't be afraid of making mistakes when speaking English.

当说英语时不要害怕犯错误。

拓展应用1：用思维导图"裂变"背单词

背单词是绝大多数英语学习者最头疼的事情。用传统方法背单词，只要拼读记不住，单词百分之百写不出来。因为，拼读对于大脑来说属于抽象信息，不容易记住。而大部分同学只有这一种方法——死记硬背，所以结果就是单词记了忘，忘了记，周而复始痛苦不堪。

英语单词其实并不是由字母随意堆砌而成的，而是由一个有意义的词根（stem）、前缀（prefix）、后缀（suffix）组成的。一般来说，词根决定单词意思，前缀改变单词意思，后缀决定单词词性。举例：dislike 不喜欢，dis（否定）＋like（喜欢）；foresee 预见，fore（预先）＋see（看）。所以，外国人最常用的背单词方法就是词根词缀法。

不过，问题来了。我们不是外国人，对于词汇量少，又没有词根词缀基础的人来说，这个方法几乎无从下手。要想记住常用的词根词缀本身就是个大难题。因为，词根词缀还是抽象的字母组合，对于大脑来说同样不好记。那我们该怎么办呢？

一个完整的英语单词是由音（拼读）、形（拼写）、义（含义）三个部分组成的。条条大路通罗马。既然通过传统拼读的方式不容易记住，那我们就从形和义出发，看看能不能找到突破口。当然，我们并不是说拼读不需要记忆和练习，而是暂时不作为记单词的主要方式。

其实，要想单词记得快，我们必须做到以下三点：

（1）顺嘴。通过拼读练习建立大脑对单词的基本认知。

（2）顺心。及时复习，加深记忆牢固性。

（3）顺脑。用大脑喜欢的好玩、有趣的方式记忆。

顺嘴和顺心很容易理解，问题是如何做到顺脑呢？接下来，我们举个例子，让你一下子突破"长单词恐惧症"。请看下面这组随机的英文字母，你有什么办法可以把它们按顺序全部记住呢？

strmothersmlongcartion

这组英文字母，没有拼读规律，没有中文意思。如果我们只是从"拼读"的角度去记单词，这个字母组合肯定是记不住的。那怎么记呢？告诉大家一个记单词的口诀"以熟记新"。就是把陌生的字母组合，分解成我们熟悉的字母组合。

有了这个思路，观察上面的字母组合，我们先把大脑熟悉的字母组合分解出来。比如，mother（母亲）、long（长）、car（小汽车）。那么，这组字母就变成了：

str　mother　sm　long　car　tion
　　　　母亲　　　　　长　小汽车

用"以熟记新"的思路一分解，再看这组字母就好记多了。不过，剩下的 str、sm、tion 不是单词怎么办呢？告诉大家另外一个思路，就是通过联想和想象把陌生的字母组合"变"成熟悉的，我们常把这个"变"的过程称为"编码"。比如说，str 可以用字头编码法联想成"s（石）（t）头

（r）人"；sm 可以联想成"s（三）m（毛）"；tion 根据它的发音，可以联想成"神"，因为声音很相近。所以，这组字母马上就变成了：

str　　mother　　sm　　long　　car　　tion
石头人　　母亲　　三毛　　长　　小汽车　　神

通过一系列的分解和编码，这组陌生的字母组合就变成大脑熟悉的、能理解的组合了。接下来，只需要把它们按顺序联结成一个整体就可以轻松记住它们了。比如：石头人（str）的母亲（mother）要求三毛（sm）开着加长（long）的小汽车（car）去接神（tion）。大脑联结记忆过程中，要在大脑中联想出对应的记忆画面。根据这个记忆画面，大脑就可以轻轻松松把这组字母按顺序一个不差地写出来。现在，你就可以找一张白纸，尝试着把刚才的这组字母写出来，然后再核对下准确率。

是不是觉得很神奇？只要你按照刚才的思路去记忆，肯定可以轻松写出来。因为，你的大脑能够理解整个记忆的过程，同时又能还原出原本的记忆内容。这就是我们刚才说的顺脑——按照大脑喜欢的方式去记忆。其实，我们还可以再增加一点点难度。比如，你可以尝试着从最后一个字母倒着写到第一个字母。而且，一点也不困难。

有的同学可能会问，这样去记有没有可能记混呢？比如，"母亲"回忆成了"mom"。说实话真的有可能弄混，不过，反过来想：如果我们用传统方法记都记不住，连弄混的机会都没有。至少这种记忆思路，大脑不排斥，记起来很轻松，不枯燥，容易回忆，不容易忘。

所以，我们在日常背诵单词的过程中，除了基本的拼读记忆外，把陌生的单词分解成自己熟悉的字母组合，把不熟悉的字母组合通过字头法、拼音法或谐音法进行编码，最后和中文意思串联起来，这样记单词就好玩多了。

举例：

scar 伤疤

编码：s 蛇 + car 小汽车

联结：蛇撞到小汽车上留下一道伤疤。

bamboo 竹子

编码：ba 爸 + m 麦当劳 + boo 600

联结：爸爸在麦当劳吃了 600 根竹子。

capacity 容量、能力

编码：cap 帽子 + a 一个 + city 城市

联结：帽子能装下一座城市，所以容量很大，能力很强。

除了用记忆法背诵单词外，思维导图在单词归类和裂变方面，有着自己独特的优势。思维导图发明人东尼·博赞曾说："如果学习是一次作战，那么记忆术就相当于士兵手中先进的作战武器，而思维导图就相当于卓越指挥官的军事战略思想与作战方案，二者合二为一，将战无不胜。"

用思维导图"裂变"背单词有两种思路：

（1）找相同字母——把相同字母组合的单词用思维导图归类在一起。

举例： ass，如图 7-5 所示。

在用思维导图裂变记单词过程中，主分支用来罗列单词，二级分支按照"以熟记新"的原则分解单词，最后联想成记忆画面。既然是为了记住

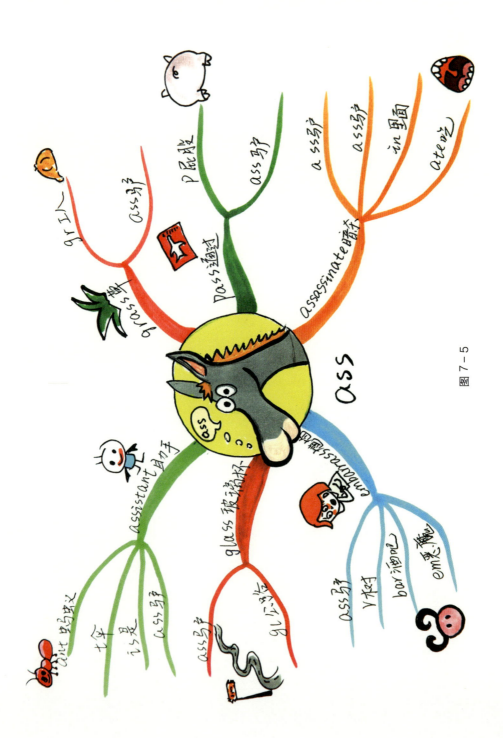

单词，那么在画思维导图的过程中就一定要使用丰富且形象的关键图。比如，可以把分解的字母编码或联想的记忆画面画成关键图。

举例：

grass 草

编码：gr 工人 + ass 驴

联结：工人在喂驴吃草。

我们可以在"gr 工人"这条二级分支上面画一个"安全帽"代表"工人"。也可以在二级分支的后面，画一个工人在喂驴吃草的图。有图有真相，记起来更容易。当然，如果你实在画不出"工人喂驴吃草"的关键图，就算在"gr 工人"这条分支上画一个"安全帽"，也会起到强化记忆的作用。

其他分支上的单词，以此类推。最后，整体复习思维导图中的所有单词。

（2）找关联单词——把与中心单词有关联性的单词用思维导图归类在一起。

举例： fruit 水果，如图 7-6 所示。

不是所有的记忆都要靠"声音"，用好思维导图，往往一图抵千言。因为，视觉记忆是大脑最感兴趣、最容易理解、最容易存储和回忆的记忆方式。画起来，用思维导图掀起单词记忆革命，对单词大声喊出那句话："忘记你，我做不到！"

图 7-6

拓展应用 2：用思维导图记忆英语课文

在用思维导图记忆中文课文的章节中，我们讲到了日常背诵课文的四个注意事项：

第一，通读课文。

第二，梳理逻辑关系。

第三，长篇文章要循序渐进地背诵。

第四，抓住遗忘规律，及时复习。

以上四个注意事项同样适用于记忆英语课文。唯一的不同之处在于，通读完课文后，多了一道"翻译"的工序。因为，只有读懂了才能梳理出逻辑关系。

用思维导图记忆英语课文，也要抓住两个关键：

第一，精准提取课文句子的关键词，并通过分支形象化布局。

第二，使用丰富的关键图，特别容易遗忘的关键词一定要有关键图。

提取英文句子中的关键词与中文句子有所不同，除了主语和形象词外，句子中的动词往往也是关键词。因为，动词决定时态变化，形象词决定记忆的画面。

强化训练： 请将以下句子提取关键词，并用图文并茂的分支布局出来。

（1）Tom went to the museum yesterday. 汤姆昨天去了博物馆。

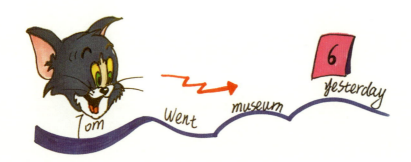

图 7-7

（2）I bought a hat and a book. 我买了一顶帽子和一本书。

图 7-8

（3）I feel very happy. 我感到非常开心。

图 7-9

(4) I remember posting the letter. 我记得寄出了这封信。

图 7-10

接下来，我们以文章 *A Private Conversation* 为例，画成一幅记忆地图。

Last week I went to the theatre. I had a very good seat. The play was very interesting. I did not enjoy it. A young man and a young woman were sitting behind me. They were talking loudly. I got very angry. I could not hear the actors. I turned round. I looked at the man and the woman angrily. They did not pay any attention. In the end, I could not bear it. I turned round again. 'I can't hear a word!' I said angrily. 'It's none of your business,' the young man said rudely. 'This is a private conversation!'

译文：

上星期我去看戏。我有一个很好的座位。那部戏很有趣，但我却无法欣赏。一青年男子与一青年女子坐在我的后面，大声地说着话。我非常生气，因为我听不见演员在说什么。我转过身来，怒视着这个男人和女人。他们却毫不理会。最后我实在无法忍受了，我又转过身来。"我一个字也听不见了！"我生气地说。"这不关你的事。"这个青年粗鲁地说，"这是私人间的谈话!"

Last week I went to the theatre. I had a very good seat. The play was very interesting. I did not enjoy it. A young man and a young woman were sitting behind me. They were talking loudly. I got very angry. I could not hear the actors. I turned round. I looked at the man and the woman angrily. They did not pay any attention. In the end, I could not bear it. I turned round again. 'I can't hear a word!' I said angrily. 'It's none of your business,' the young man said rudely. 'This is a private conversation!'

图 7-11

阅读完原文后，根据课文意思，我们要梳理出文章的逻辑关系，方便判断主分支的数量。本篇文章记叙了作者在剧院看戏的糟糕经历，一共分成四个基本部分：第一部分讲作者上周去剧院看戏，座位的位置也非常好，戏本身也非常有意思；第二部分讲作者没有办法好好看看，因为身后有一对年轻人正在大声说话，导致他听不到演员说的台词；第三部分讲作者采取了什么行动，他转过身看着这对年轻人，示意他们不要大声说话，不过对方没有搭理他；第四部分讲他最后实在忍受不了了，非常生气地跟这对年轻人理论，结果令人啼笑皆非。所以，对于这篇文章，标记完关键词后，我们可以用四条主分支布局成一幅记忆地图。如图 7-12 所示。

画完思维导图后，先根据思维导图笔记尝试用中文把课文内容复述出来。为什么呢？原因非常简单，如果我们用自己的语言都讲不清楚课文内容，要想用英文表达出来，肯定也是件非常吃力的事情。如果有个别单词记忆不清楚或错误，在课文中标记出来，稍加强化就可以加深记忆。毕竟，没有任何一种记忆方法可以"包治百病"。

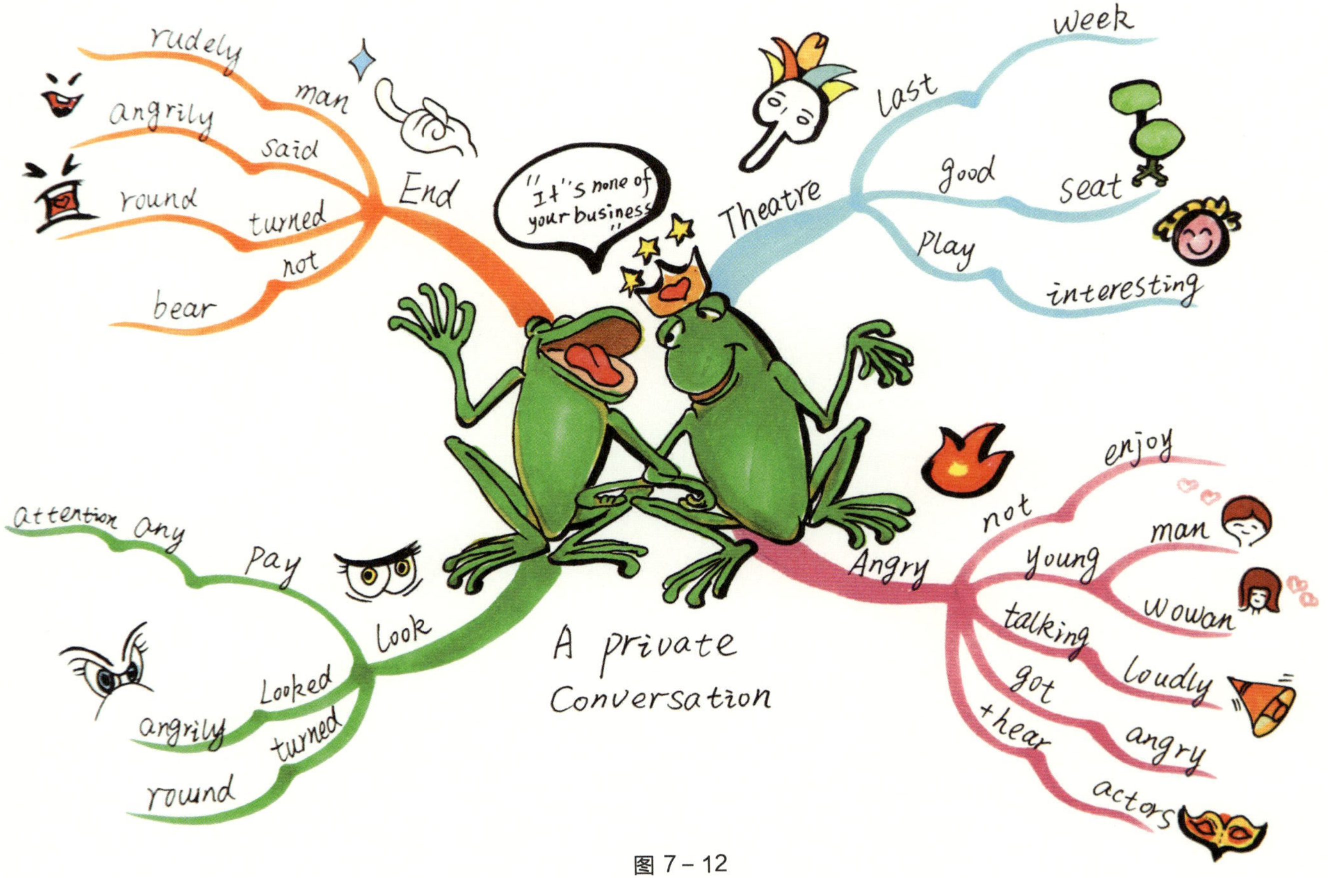
A private Conversation
"It's none of your business"
Theatre
last
week
good
seat
play
interesting
Angry
not
enjoy
young
man
wowan
talking
loudly
got
angry
+hear
actors
Look
pay
any
attention
Looked
angrily
turned
round
End
man
rudely
said
angrily
turned
round
not
bear

图 7－12

虽然画思维导图有时候会多花一点时间，不过这些时间都是值得的，因为"磨刀不误砍柴工"。毕竟，我们不是为了满足"短时记忆"，而是为了"长时记忆"。把课文画成思维导图的好处，还在于下次复习时更加高效，不需要再重新去梳理逻辑，一看图就明白，简洁、高效。

大胆去尝试，凡事熟能生巧，越用越快。

第八章

用思维导图备战
日常考试

用思维导图做考前规划
用思维导图写出高分作文
用思维导图做好学习总结
千万个"学霸"站起来

用思维导图做考前规划

俗话说"有志者立长志,无志者常立志。"没有规划就没有未来,日常学习考试亦是如此。许多同学没有自己的学习计划,每天浑浑噩噩,忙得焦头烂额,考试成绩止步不前!作为在校学生,制订切实可行的学习计划并持之以恒地执行下去,有利于自我管理,养成良好的学习习惯。

制订学习计划有四层意义:

(1)做好时间管理。

(2)明确学习任务。

(3)提升学习效率。

(4)提高考试成绩。

制订学习目标应注意以下三点:

(1)目标恰当,符合自身的发展实际。

制订学习目标一定要从自身实际出发，不仅要考虑到自己的学习基础、学习兴趣，还要考虑自己的用脑规律和思维习惯。制订学习计划是为了充分合理分配自己的学习时间，让自己的学习生活变得有条不紊，井然有序。因此，学习计划一定要切实可行。如果明明知道自己晚上9点大脑混沌、犯困，还非要去背诵东西，那么这个计划就是不科学的。

（2）将难度大的学习目标分解成小目标。

如果学习目标任务量大，可采取"切西瓜"的方法分解目标。把大的学习目标分解成小目标，逐个击破，减小学习压力。假设计划一周背下25首古诗，听起来挺多，实际上除去周末外，分配到周一至周五，每天也就背诵5首古诗。如果只是制订了"一周背诵25首古诗"的目标，没有分解和量化，每天学习任务就不明确，甚至影响目标达成。

（3）设定奖罚机制。

设定奖罚机制的目的不是为了"罚"，其实是为了"奖"。因为，学习目标达成才是我们制订学习计划的最终目的。通过制定奖罚机制可以提高对学习计划的重视度，同时起到监督和提醒的作用。对于"奖"我们很容易理解，但是对于"罚"可能有的同学存在误区。常理上我们认为"罚"是苛刻的，甚至残忍的。其实不然。我们这里所讲的"罚"一般是指有利于身心成长的。比如，如果没做到，惩罚自己在操场跑步两圈，算是小小的惩戒，还有利于锻炼身体。再比如说，帮助父母做家务等。适当严格一点也未尝不可，控制好度就可以。当然，"罚"用不上最好。

制订学习计划有四个重要环节：

（1）时间切割——分解时间，分解目标。

（2）有侧重点——计划要有针对性。

（3）时时检测——及时检查，快速调整。

（4）坚持执行——目标意识，不达目的誓不罢休。

那么，如何用思维导图做考前规划呢？

首先我们要明确学习任务，以及可规划时间，没有这两个，一切计划都是纸上谈兵。接下来，我们只需要把这两个中心关键词放在九宫格里，根据自己的实际情况发散思维，罗列出相关联的关键词。如图8-1、图8-2所示。

背诵	做题	听课
	学习任务	阅读
	复习	错题管理

图8-1

路上	晨读	课堂
	规划时间	课间
	放学后	午休

图8-2

比如由"学习任务"，我们根据自身实际情况，罗列出一天大概的学习任务包括：背诵、听课、做题、错题管理、阅读、复习；由"规划时间"，我们联想到一天中可规划的时间包括：上学路上、晨读、课堂上、课间、午休、放学后。明确了学习任务和可规划的时间，接下来要做的事情，就是根据时间分配学习任务。除了周末外，我们日常的学习节奏几乎是不会有太大的变动的，所以一般情况下学习计划制订完毕后，使用的周期也比较长。可能是一个月，甚至一个学期。如图8-3所示。

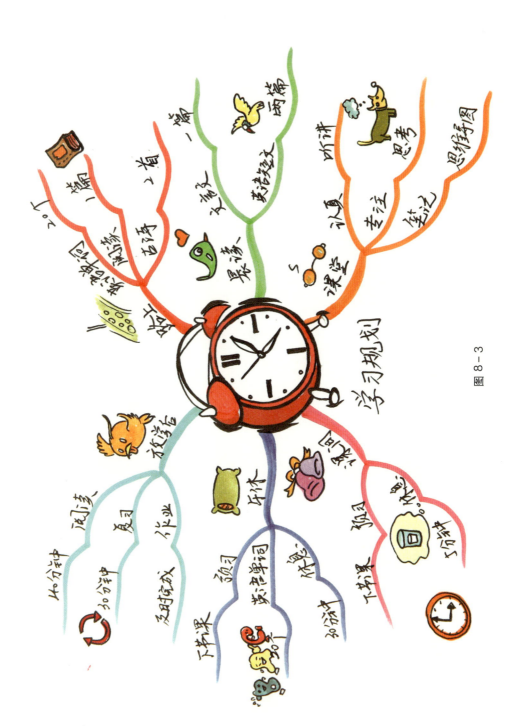

图 8-3

有的同学可能会问，如果我每天的学习任务不一样怎么办？其实，换个思路就可以解决这个问题——用时间分解法制订学习计划。比如，周一至周日每天是一条主分支，然后把当天要做的事情，根据时间顺序进行规划就可以。如图8-4所示。

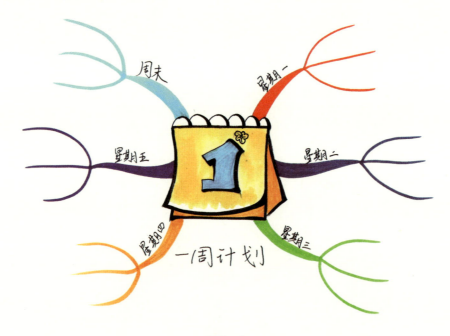

图8-4

在制订学习规划的过程中，学习任务要具体化，这样学习目标才能清晰。比如提到"阅读"，要递进思考阅读多久，阅读多少。这样才能方便时时检测，而不是走流程。详细的学习规划可以让学习井然有序、事半功倍。反之，学习目标不清晰，事倍功半。

学习规划制订完毕后，把思维导图贴在墙上醒目的位置，时时提醒自己要及时完成相应的学习任务。若遇特殊情况不能按时完成学习任务，要在思维导图上做标记，时间充裕时再补回来。另外，不要忘了设定奖罚机制。这一个小小的举动可能会让你的学习计划如虎添翼，顺利开展。毕竟"井无压力不出油，人无压力轻飘飘"。

最后叮嘱大家，计划不是纸上谈兵，一定要坚持执行。

用思维导图写出高分作文

写作是运用文字语言记录事实、反映客观事物、表达思想感情、传递知识的创造性脑力活动。基本的写作过程大致可分为"采集—构思—表述"三个阶段。我们这里讲的"写作"是语文课程意义上的写作，是学生用书面语言组织文章，提高自身写作能力的学习活动。简单讲，写作就是用脑思考、用笔来说话。

学生日常写作文最常犯的错误有：

（1）中心思想不聚焦，内容跑题；

（2）语言表达不流畅，交代不清；

（3）内容无亮点，没有办法和读者之间产生共鸣。

要想写出好的文章不是一朝一夕的事情，前期需要做的积累有很多。我国著名作家茅盾先生曾告诫学生，要想写出好的文章要做到以下三点：

第一，不要"学舌"，就是不要刻意模仿。

在"学舌"的时候，思想不会焕发，情绪也不会热烈，甚至字句也不用自造，换句话讲，从头到尾，就像默写，不是练习写作。练习写作的首要原则就是要说自己的话，要从生活经验中拣取自己印象最深、感情最热烈而真挚的事物，用自己认为最合适的字句表达出来。

第二，文章要搞清楚"美"的几个条件。

（1）明白通畅。把你的意思表达得清清楚楚，不会引起人的误解，这就是"明白"，这就是"通畅"。

（2）感情要真挚热烈，真情实感才更容易打动人，拉近与读者之间的距离。看你的文章，能够做到一同哭、一同愤怒、一同激昂，感同身受。

（3）心地要坦白，思想要纯洁。

（4）不为写作而写作。专注在内容与思想上，而不是文章可能带来的好处上。

第三，广泛阅读。

古人云："读书破万卷，下笔如有神。"鲁迅先生曾说："只看一人的著作，结果是不大好的，你就得不到多方面的优点；必须如蜜蜂一样，采过许多花，这才能酿出蜜来，倘若叮在一处，所得就非常有限、枯燥了。"

写作文就像盖房子，素材是砖块，思路是结构。经常有同学说，写作没思路，不知道怎么写。本质原因还是不了解写作文体，不知道每种文体其实都有最基本的写作思路。搞懂这一点，再和思维导图结合起来，写作将事半功倍，信手拈来。

下面，我们就用思维导图来详细了解三种常见的写作文体，即记叙文、说明文、议论文。

记叙文

记叙文是最常见的写作文体，是以记人、叙事、写景、状物为主，以写人物的经历和事物发展变化为主要内容的一种文体形式。

记叙文有五种表达方式，如图8-5所示。

（1）叙述：把人物的经历和事物的发展变化过程表达出来的一种表达方式。它是写作中最基本、最常见也是最主要的表达方式。

（2）描写：是对人物的外貌、动作以及事物的性质、形态和景物的状貌、变化所作的具体刻画和生动描摹。

（3）说明：是用简明的语言客观而准确地解说事物或阐述事理的一种表达方式。

（4）抒情：是作者通过作品中心人物表达主观感受，倾吐心中情感的文字表露，可分为直接抒情、间接抒情两种。直接抒情即直抒胸臆。间接抒情是在叙述、描写、议论中流露出爱憎感情。

（5）议论：根据作品写出自己的见解或道理。记叙文中的议论往往起画龙点睛，深化中心的作用。

图8-5

接下来，我们再通过两幅思维导图了解记叙文的一些基本常识：

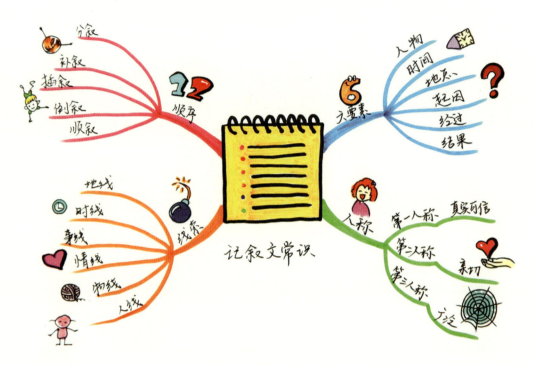

图 8-6

（1）记叙文的六要素：人物、时间、地点以及事件的起因、经过和结果。

（2）记叙文的人称：第一人称，真实可信；第二人称，更加亲切；第三人称，更加广泛。

（3）记叙文的线索：人线、物线、情线、事线、时线、地线。

（4）记叙文的顺序：顺叙、倒叙、插叙、补叙、分叙（平叙）。

顺叙：指记叙的时候按照事情发生、发展和结局的顺序来写，前因后果、条理很清楚。

倒叙：指记叙的时候把后发生的事情写在前面，把先发生的事情写在后面。先把结局说出来，吸引读者了解其起因和过程。

插叙：指在记叙过程中，需要插入另一些有关的情节，再接着叙述后来的事情。插入的内容对主要情节起补充衬托作用，有时会起到解释说明作用，使文章脉络清晰、结构紧凑。插叙一般不作为文章的中心。

补叙：指行文中用三两句话或一小段话对前边说的人或事作一些简单的补充交代。运用补叙，有助于更好地表达主题，使文章结构完整，行文跌宕起伏，收到出人意料的效果。

分叙（平叙）：分叙法是指叙述两件或两件以上的同一时间内不同地点发生的事情，也叫平叙法。

（5）记叙文的划分：按事件的发展过程、空间转换、内容变化、人物和场景变化、感情变化、表达方式的变换来划分。

（6）记叙文的语言特点：形象，生动，具体。

（7）记叙文的表现手法：描写、衬托、渲染、对比、伏笔、铺垫、象征、比喻、以小见大、欲扬先抑、借景抒情、卒章显志、托物言志等。

（8）记叙文的句式（语气）：陈述句、疑问句、感叹句、祈使句。

了解完记叙文写作的基本常识，接下来我们学习"记叙文写作模型"。如图8-7所示。

"记叙文写作模型"是帮助我们厘清写作思路，归纳写作素材的写作神器。乍看上去好像没有什么特别，其实，它的威力在于每条主分支的可扩展性，即围绕中心思想"裂变"写作素材的能力。

图 8-7

举例： 我们以"最难忘的事"为中心主题，用"记叙文写作模型"整理写作思路。

围绕中心主题，确定写作主线，即要记叙什么难忘的事。假设我要记叙的一件事是"学校演讲比赛"。那么，中心图可以画一个话筒，或一个人在演讲。如图 8-8 所示。当然，在实际考试的过程中是没有太多多余时间去画图的，但在日常练习的时候还是要尽量做到图文并茂。因为，图像经常会带给我们很多创意灵感。

图 8-8

第一步，发散思维，罗列写作素材——人物。第一条主分支上的关键词是"人物"。聚焦"人物"这个关键词，我们要快速梳理出在这个故事中的关键人物有哪几个或哪几类。比如，自己、陈老师、评委。我们把这三个关键词画在二级分支上，如图 8-9 所示。

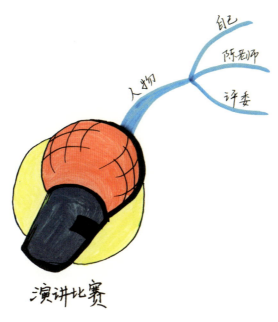

图 8-9

难道这条主分支就这样布局完了吗？当然不是。素材越具体，思路也就会越清晰。其实，每条二级分支上的关键词还具备可扩展性，比如，提到"自己"，我们可以交代清楚自己在哪个学校上学，几年级，甚至性别、年龄等；提到"陈老师"，我们要交代清楚他在整个故事中的角色定位，可能是班主任，也是指导教练；提到"评委"，那就要交代清楚评委的组成，可能是校领导、学生代表。这样第一条主分支布局完成，如图 8 - 10 所示，内容具体且交代详细，描写时组织语言就更加简便。

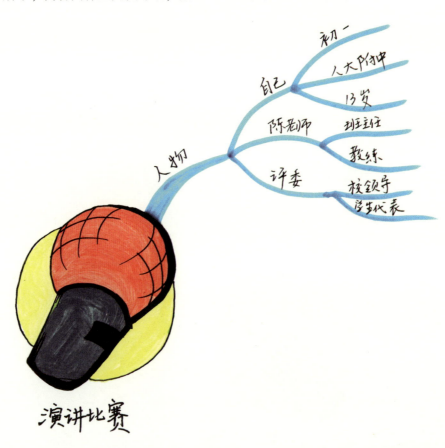

图 8 - 10

第二步，发散思维，罗列写作素材——时间。第二条主分支上的关键词是"时间"。聚焦"时间"这个关键词，我们要快速梳理出在这个故事中最基本的时间节点。比如，演讲训练时间、赛前模拟时间、演讲比赛时间、上台演讲时间、比赛结束时间。

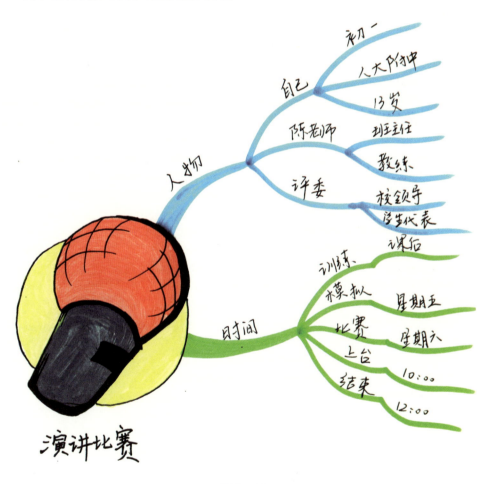

图 8-11

第三步，发散思维，罗列写作素材——地点。第三条主分支上的关键词是"地点"。聚焦"地点"这个关键词，我们要根据故事发展过程快速梳理出每个时间节点所在的地点。比如，演讲训练、比赛报名、赛前模拟、演讲比赛所在的位置。

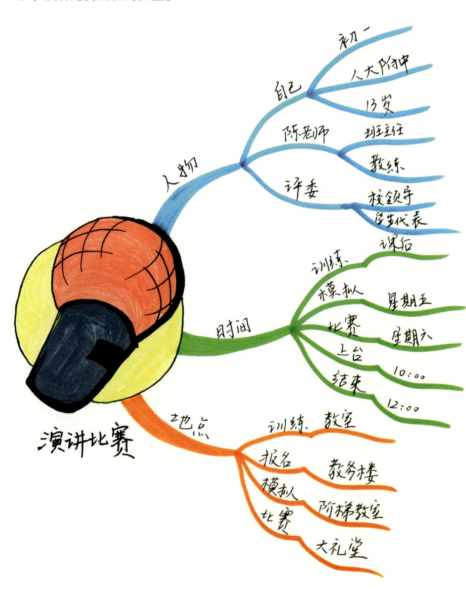

图 8-12

第四步，发散思维，罗列写作素材——起因。第四条主分支上的关键词是"起因"。二级分支就要交代清楚整个故事的"导火线"即"学校演讲比赛"。三级分支可以交代清楚比赛的活动背景、比赛的目的、参赛要求、参与比赛的意义等。如图8-13所示。

第五步，发散思维，罗列写作素材——经过。第五条主分支上的关键词是"经过"。聚焦"经过"这个关键词，我们就要把整个比赛从知道比赛、报名比赛、准备比赛、正式比赛几个大的方面交代清楚。如图8-14所示。

第六步，发散思维，罗列写作素材——结果。第六条主分支上的关键词是"结果"。聚焦"结果"这个关键词，一方面我们要把演讲比赛结果交代清楚，还要点题收尾，把通过这次比赛自己的收获与成长表达出来。不要局限在交代事情上，还要透过故事讲感受、讲体会，讲对于读者有共鸣、有启发的东西。如图8-15，8-16所示。

需要特别注意一点，结尾在写作中非常重要。如果把开头比作"爆竹"，那么结尾就有如"撞钟"。好的结尾，有如咀嚼干果，品尝香茗，令人回味再三。它要在文章中起到首尾呼应、总结全文、点明中心或揭示中心、深化主题、升华主旨的作用。

因为在考试过程中时间有限，关键图可以灵活增加，一些重要的分支（需要重点描写的位置）可以适当增加关键图。当然，即使一个关键图都没有，也完全可以理解。

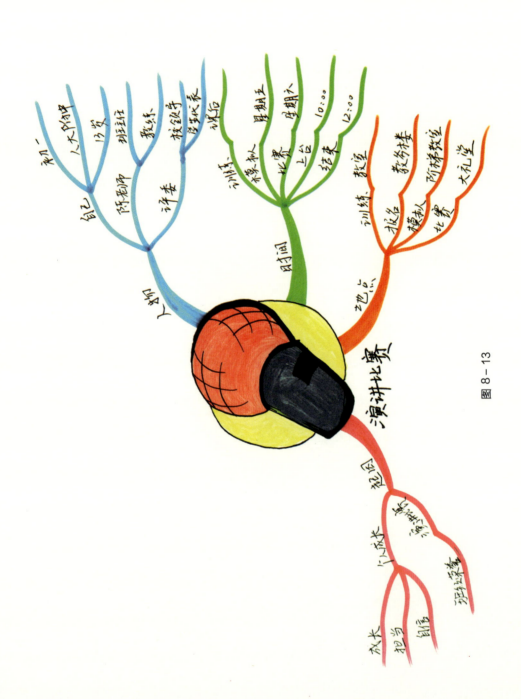

图 8-13

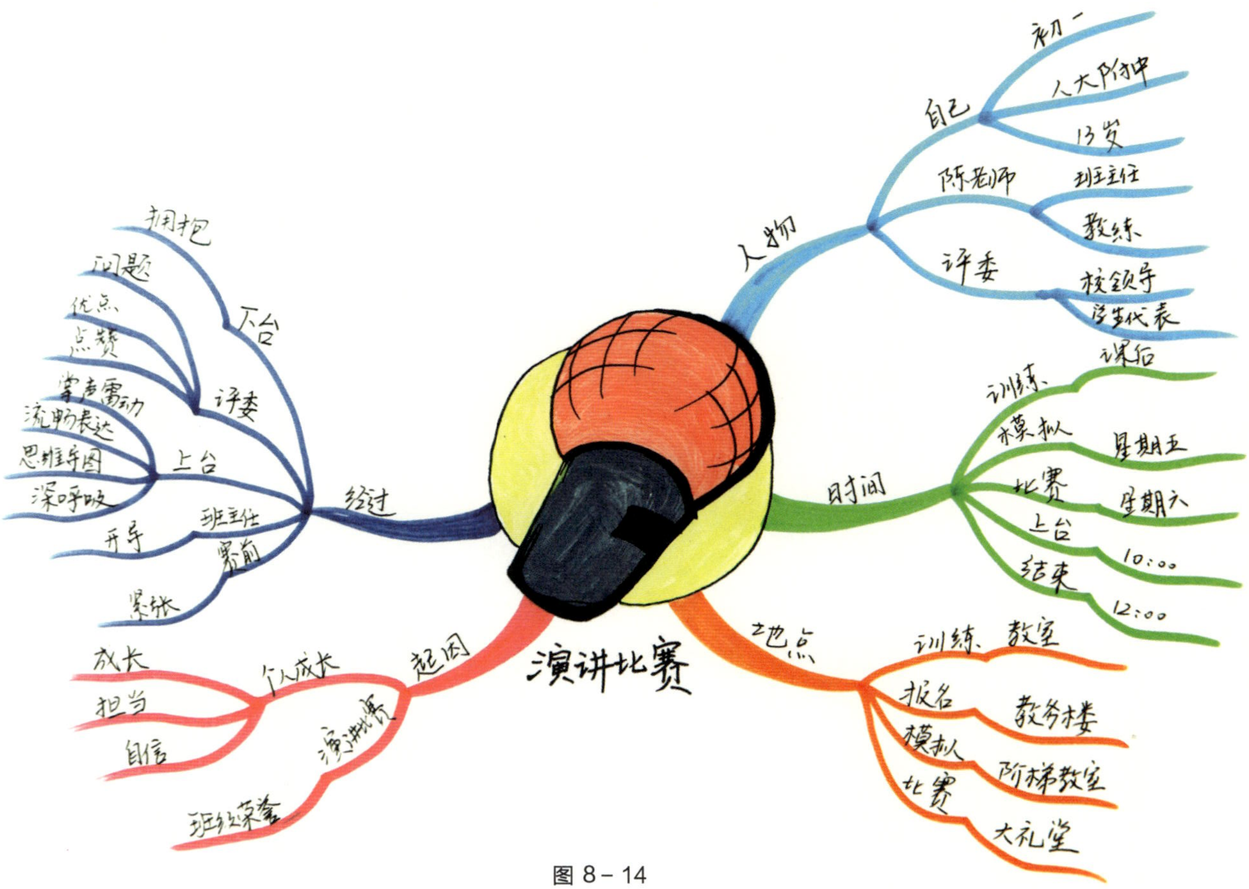

图 8-14

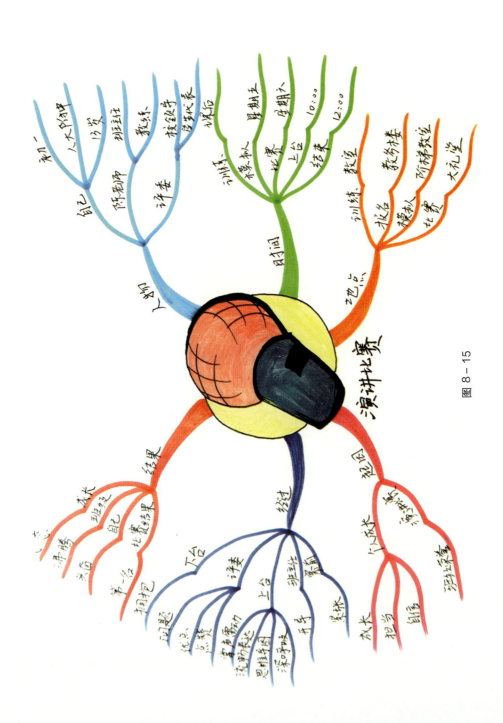

图 8-15

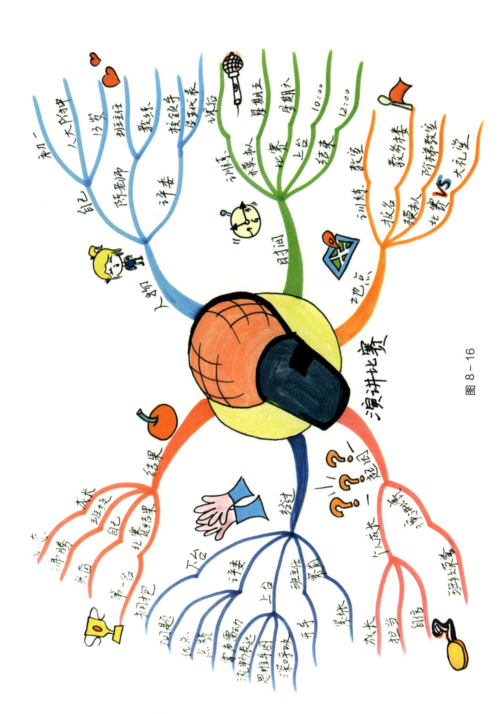

图 8-16

有了上面这幅"写作地图",再去组织语言写作,想必一定会事半功倍,小菜一碟。因为,我们可以看清自己整个写作的思路,又能快速组织写作素材,不需要临时抱佛脚。它就像 GPS 导航,我们可以沿着路径,更快捷地到达目的地。说到底,写记叙文,不在华丽的辞藻,而在讲清楚一件事情,或者讲清楚一个道理,与读者产生共鸣。

说明文

讲完了记叙文,接下来我们再通过思维导图学习说明文的基本常识。

说明文是一种以说明为主要表达方式的文章体裁。说明文的中心鲜明突出,文章具有科学性、条理性,语言确切生动。说明文一般介绍事物的形状、构造、类别、关系、功能,解释事物的原理、含义、特点、演变等。说明文有的是以时间为序,有的是以空间为序;有的由现象写到本质,有的由主写到次;有的按事物的性质、功用、原理等来说明。

说明文按说明对象不同,分为事物说明文和事理说明文。

事物说明文旨在介绍某一事物的形体特征,比如,你可能学过的课文《中国石拱桥》《海底世界》《苏州园林》等。事理说明文旨在解释事物本身的道理或内部的规律。有时在一篇说明文中,介绍事物与阐述事理往往是交错使用的。因此,不管是事物说明文还是事理说明文,都要求作者对说明的对象进行真实的介绍。

说明文的结构一般有五种。

1. 总分式

事物说明文常用的结构形式。

(1) 总——分,先总体地概括,再分说。结尾没有总结性的语言

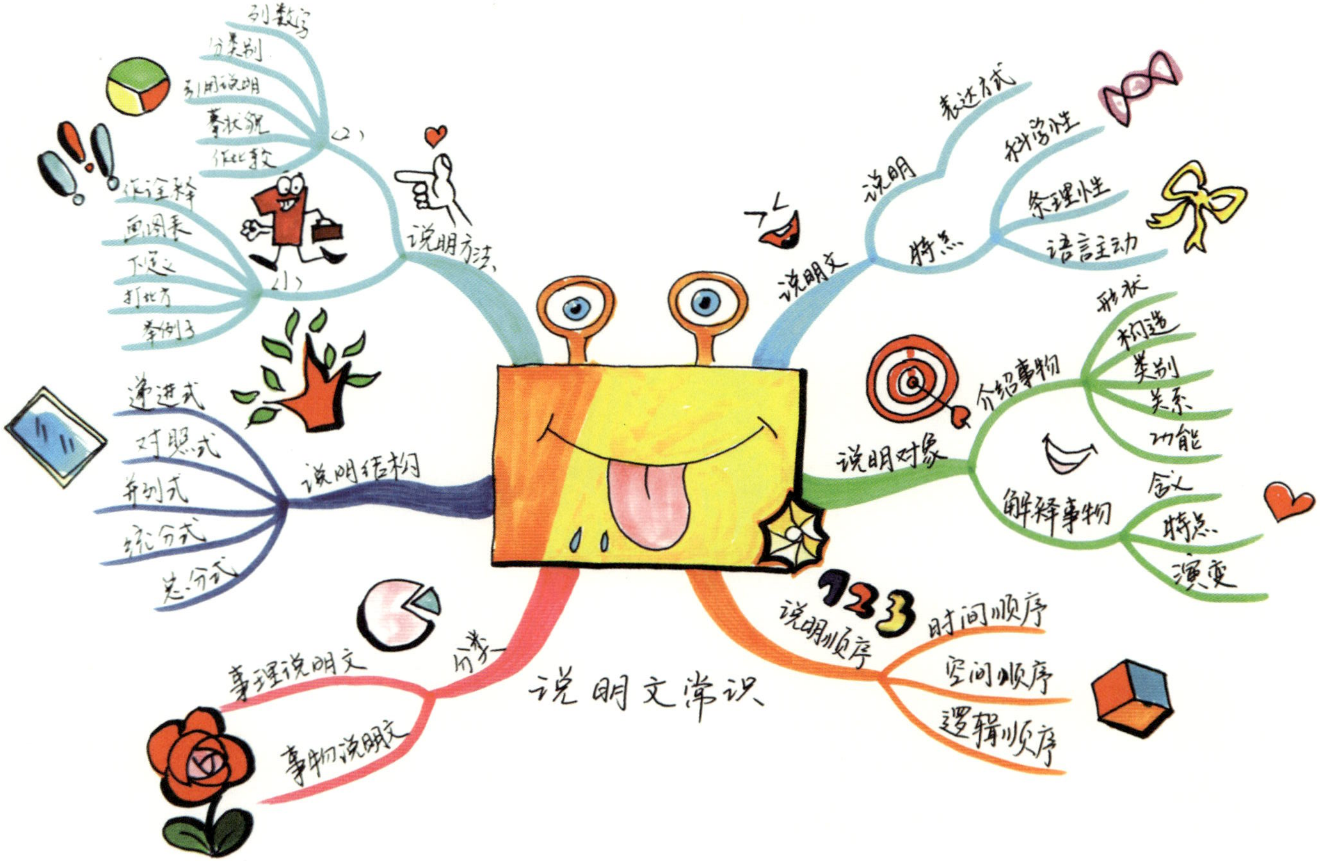
说明文常识
说明文
说明
表述方式
特点
科学性
条理性
语言生动
说明对象
介绍事物
形状
构造
类别
关系
功能
解释事物
含义
特点
演变
说明顺序
时间顺序
空间顺序
逻辑顺序
分类
事理说明文
事物说明文
说明结构
递进式
对照式
并列式
统分式
总分式
说明方法
〈1〉
作诠释
画图表
下定义
打比方
举例子
〈2〉
列数字
分类别
引用说明
摹状貌
作比较

图 8 – 17

（2）总——分——总，先总体地概括，再具体来说，最后再总结。

（3）分——总。先分说，最后总结。

2. 统分式

事理说明文常用的结构形式。各层之间的关系是由浅入深、由表及里、由现象到本质。各层之间的关系为递进关系，一层一层地剖析事理。

3. 并列式

文章各部分的内容没有主次轻重之分。

4. 对照式

对照式就是在中心主题提出之后，从正反两个方面对中心论点进行说明。

5. 递进式

递进式是事理说明文常用的结构形式，各层之间的关系是由浅入深、由表及里、由现象到本质。各层之间的关系是递进的。

递进结构的主要形式有：

（1）表象——本质

（2）特点——用途

（3）原因——结果

（4）整体——部分

（5）主要——次要

（6）概括——具体

了解了说明文的分类和说明结构，接下来我们通过思维导图来学习说明文的说明顺序和说明方法。要想写好说明文，首先要审题，聚焦说明对象。弄清是写事物说明文还是事理说明文，确定说明顺序和说明方式。

说明要有顺序，常见的说明顺序有：时间顺序、空间顺序、逻辑顺序。

时间顺序

时间顺序是文章常见的记叙、说明顺序之一。凡是事物的发展变化都离不开时间，如历史发展、文字演变、人物成长、动植物生长等，都应以时间为序。时间顺序在文章中使用恰当就可以使读者一目了然。

空间顺序

空间顺序，即是按事物空间结构的顺序来说明，或从外到内，或从上到下，或从整体到局部来加以介绍，这种说明顺序有利于全面说明事物各方面的特征。一般说明某一静态实体，如建筑物等，常用这种顺序。

逻辑顺序

逻辑顺序是常见的说明顺序之一。逻辑顺序主要分成 12 种：从原因到结果、从主要到次要、从整体到部分、从概括到具体、从现象到本质、从具体到一般、从结果到原因、从次要到主要、从部分到整体、从具体到概括、从本质到现象、从一般到具体。

说明文的说明方法有很多，其中包括：

举例子——使文章更加具体，更有说服力，更客观地说明事物，让人信服。

打比方——利用两种不同事物之间的相似之处作比较，以突出事物的形状特点，增强说明的形象性和生动性的说明方法叫作打比方。

下定义——用简明的语言对某一概念的本质特征作规定性的说明叫下定义。

画图表——为了把复杂的事物说清楚，还可以采用画图表的方法，来弥补单用文字表达的缺欠，对有些事物解说更直接、更具体。

作诠释——从一个侧面，就事物的某一个特点作些解释，这种方法叫作诠释。

作比较—— 一是说明某些抽象的或者是人们比较陌生的事物，可以用具体的或者大家已经熟悉的事物和它比较，使读者通过比较得到具体而鲜明的印象；二是，利用两种不同事物之间的相似之处作比较，以突出事物的形状特点。

摹状貌——为了使被说明对象更具体、生动，可以进行状貌摹写，这种说明方法叫摹状貌。

引用说明——引用资料的范围很广，可以是经典著作、名家名言、公式定律、典故谚语、文献、诗词、歌谣、传说等。引用资料能使说明的内容更具体，更充实。

分类别——将被说明的对象，有序地照一定的标准划分成不同的类别，一类一类地加以说明，这种说明方法叫分类别。这种说明方法可以帮助读者掌握特征，头绪分明。

列数字——为了使所要说明的事物准确化，还可以采用列数字的方法，以便读者理解。需要注意的是，引用的数字一定要准确无误，不准确的数字绝对不能用，即使是估计的数字也要有可靠的依据。

了解了说明文最基本的写作常识，接下来我们重点讲一下"说明文写作模型"，如图 8-18 所示。

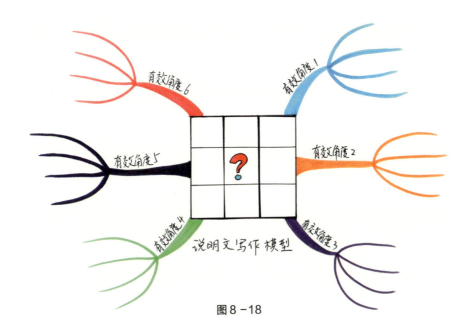

图 8-18

说明文写作模型的最中央是一个九宫格。这个九宫格非常重要,因为我们要通过它找到有效的说明角度。只有我们找到了有效的说明角度,其他的所谓的说明结构、说明方式才有意义。要不然,方向不对,努力白费。具体操作方法非常简单:

第一步,把说明对象放入九宫格。

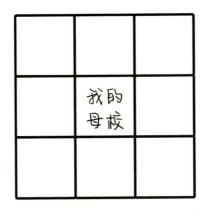

图 8-19

第二步，根据说明对象发散思维，尽可能多地罗列说明角度，如果一个九宫格不够，还可以再增加一个九宫格。

校名	校址	校训
老师	我的母校	校长
同学	大事记	特色

图 8-20

第三步，在九宫格中标记出适合说明对象的角度。

校名 √	校址 √	校训 √
老师 √	我的母校	校长
同学 √	大事记 √	特色 √

图 8-21

第四步，在九宫格中根据说明顺序做出排序，并标记序号。

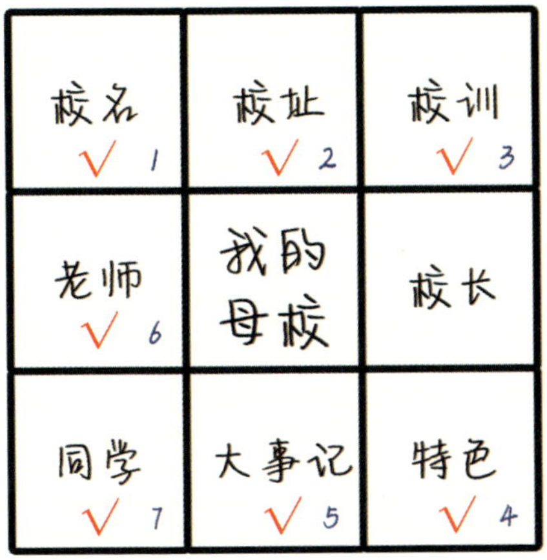

图 8-22

第五步，根据有效说明角度序号，引出第一条主分支，有些角度也可以合并。

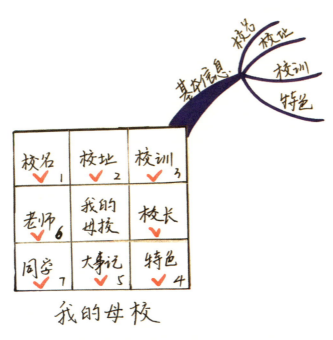

图 8-23

第六步，根据主分支上的关键词，深度发散思维，详解说明角度。

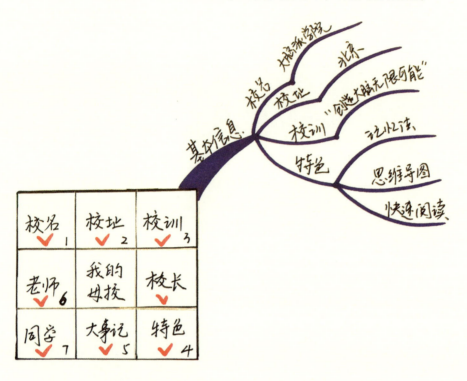

图 8-24

第七步，其他分支以此类推，画出"说明地图"。如图 8-25，8-26 所示。

最后，根据"说明地图"组织语言，写出文章内容。

写作就像行军打仗，有了作战地图，指挥起战役来，必然游刃有余。

议论文

用思维导图学习议论文：

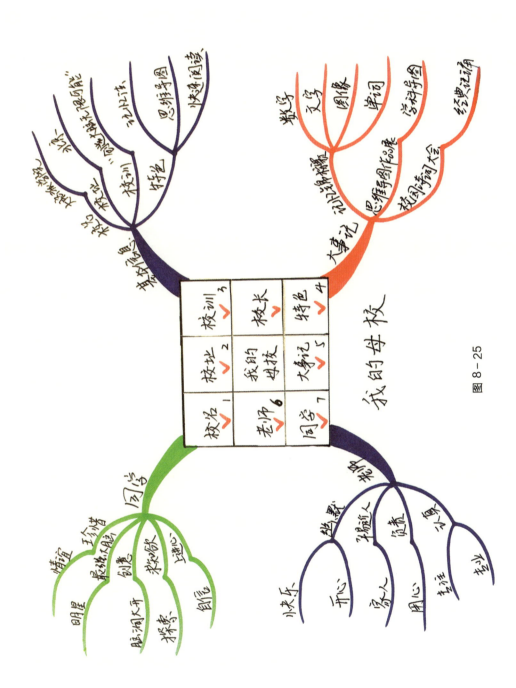

图 8-25

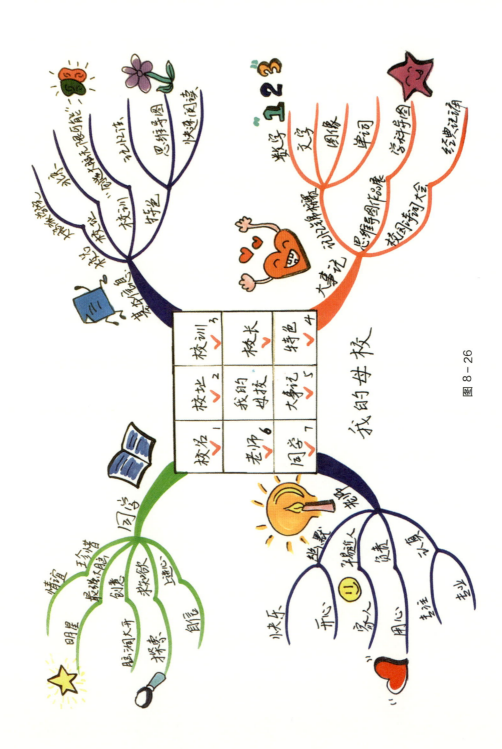

图 8-26

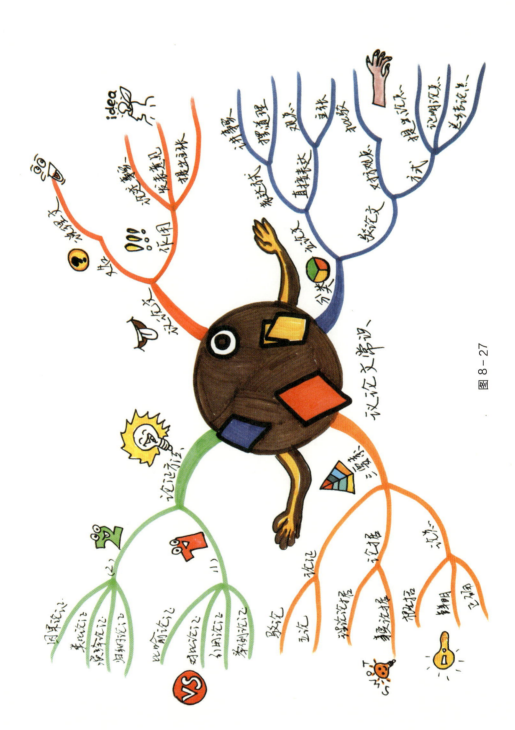

图 8-27

议论文，又叫说理文，是一种剖析事物、论述事理、发表意见、提出主张的文体。

议论文有两种分类：立论文和驳论文。

立论文

立论文以议论为主要表达方式，通过摆事实，讲道理，直接表达自己的观点和主张。要求：对论述的问题有正确的看法，论据要充足有说服力，要言之有理，合乎逻辑。

驳论文

驳论文是针对对方的观点加以批驳，在批驳的同时阐述己方的观点。主要方式是：驳论点，驳论据，驳论证。

议论文有两个特点，首先是逻辑性，语言必须准确、鲜明、严密；其次是思考性，有引导作用。

议论文的写作三要素是论点、论据、论证。

论点是正确、鲜明阐述作者观点的句子，是一篇文章的灵魂。任何一篇文章只有一个中心论点，一般可以有分论点。论点应该正确、鲜明、概括，是一个完整的判断句，绝不可模棱两可。论点是用来说明需要证明什么。

论据是支撑论点的材料，是作者用来证明论点的理由和根据，分为事实论据和理论论据两种。事实论据一般包括：代表性的事例，确凿的数据，可靠的史实等。理论论据一般包括：名言警句、谚语、格言等。论据是用来说明用什么证明。

论证是用严密论据来证明论点的过程，是用来说明怎么证明。立论和错误。它们可以使用基本相同的论证方法。

常见的论证方法有以下几种。

（1）举例论证：列举确凿、充分、有代表性的事例证明论点，增强文章的说服力。

（2）引用论证：用经典著作中的精辟见解和古今中外名人的名言警句以及人们公认的定理公式等来证明论点，增强文章的权威性和说服力。

（3）对比论证：拿正反两方面的论点或论据作对比，在对比中证明论点；突出论证观点，让人印象深刻。

（4）比喻论证：用人们熟知的事物做比喻来证明论点。可生动形象地论证观点，使文章浅显易懂，易于理解和接受。

（5）归纳论证：用列举具体事例来论证一般结论的方法。

（6）演绎论证：也叫"理论论证"，它是根据一般原理或结论来论证个别事例的方法。

（7）类比论证：是从已知的事物中推出同类事例的方法。

（8）因果论证：它通过分析事理，揭示论点和论据之间的因果关系来证明论点。

议论文写作模型，共有四条主分支，如图8-28所示。

举例： 以"青少年应远离网络游戏"为论点写一篇议论文。

第一步，将论点作为议论文写作模型的中心图，画在纸张的最中央，聚焦论证核心，如图8-29所示。同时，把第一条分支"论点"，延伸布局，如图8-30所示。

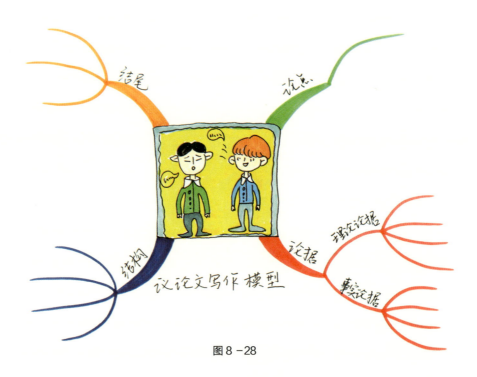

图8-28

图8-29

图8-30

第二步，根据论点发散思维拓展"论据"这条主分支。论据可以分成两类，一类是事实论据；一类是理论论据。你可以把"事实论据"和"理论论据"依次放在九宫格中发散思维，然后再画在对应三级分支上。如图8-31所示。

图 8-31

第三步,根据"论据"分支上罗列的写作素材,搭建文章结构,布局第三条主分支。如图 8-32 所示。

第四步,点题收尾,完善第四条主分支。如图 8-33,8-34 所示。

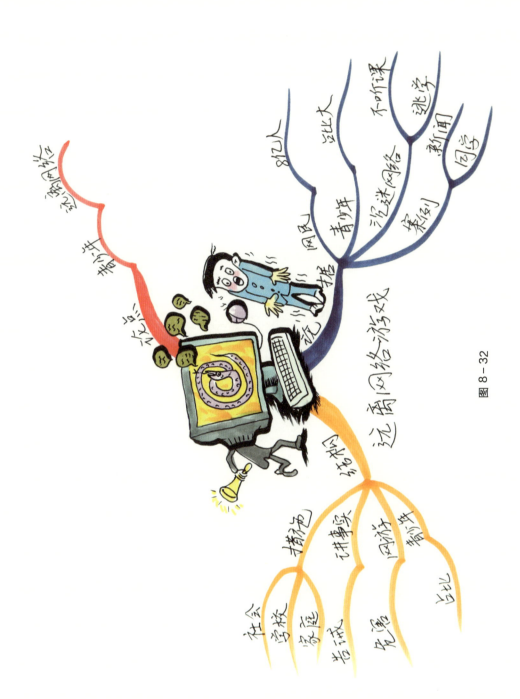

图 8-32

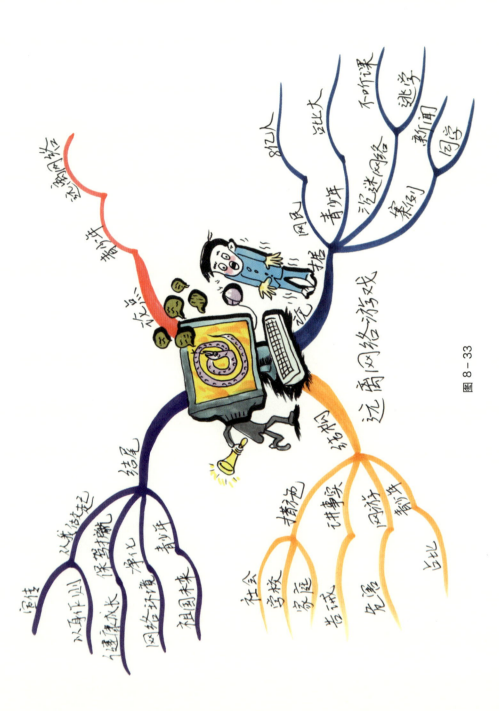

图 8-33

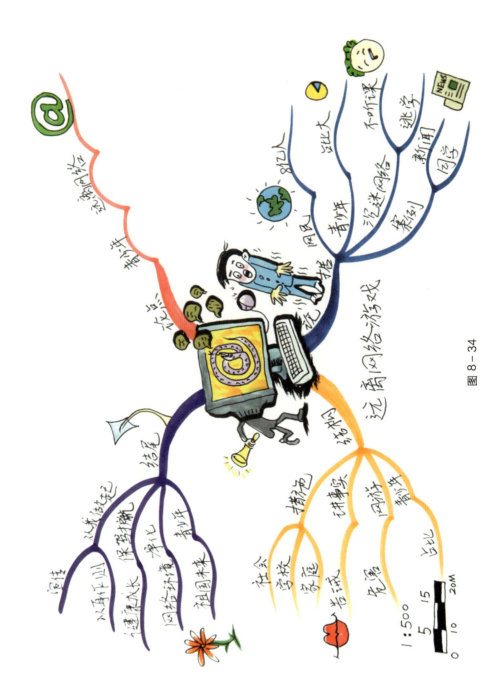

图 8-34

最后，我们就得到一幅思路清晰的议论文"写作地图"，一图抵千言。

关于提高写作能力的训练其实还有很多，比如语言表达技巧，阅读优秀的作品，随时随地记下你的灵感等。以上也只是我们从"写作思路"和"写作素材"两个核心角度讲解了思维导图在这方面的独特优势，这两点也是写作过程中最重要的。没有清晰的写作思路，文章容易跑题；没有充足的写作素材，内容又不够丰满。所以，把这三个写作模型好好用起来，写出高分作文不是梦。

用思维导图做好学习总结

古人云："吾日三省吾身。"学习总结可以帮助我们对所学知识强化记忆、加深理解，在总结过程中及时发现问题、修正问题，防患于未然。同时，可以为接下来的学习打下牢固的基础。学习总结范围比较宽泛，包括：笔记汇总、学科问题分析、知识点分析、考试总结等。其实，无论哪一类的学习总结，都离不开有效的思考。

思维导图作为可视化的思考工具，它可以将我们过去随机、零散的思考过程，通过归纳和总结，画成结构鲜明的思维导图笔记。让我们一下子看到问题的全部，再通过多层级的发散思维，全方位、多角度地去剖析问题、解决问题。

用思维导图做学习总结，要注意以下四点：

（1）聚焦目标，不要偏离中心主题。

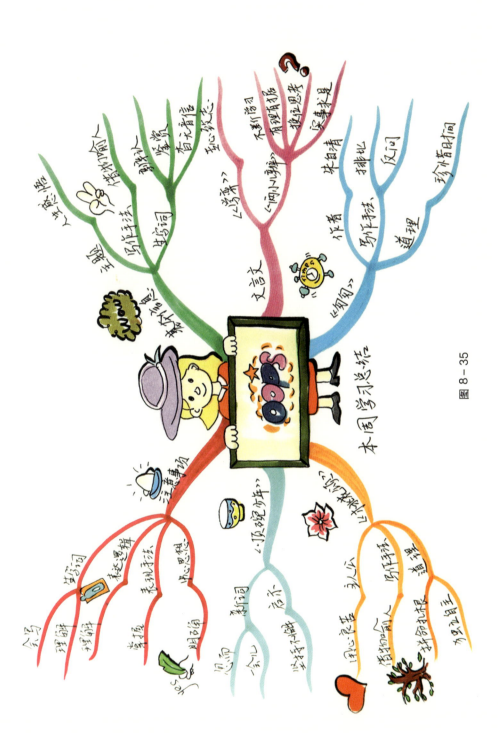

图 8-35 本周学习总结

(2)善用九宫格,找到针对性的思考角度。

(3)多层级发散思维,深度思考。

(4)发现问题,给出参考方案。

千万个"学霸"站起来

学习除了要注重技巧、方法和习惯之外,心态是在整个学习过程中不可忽视的核心基石。美国著名社会心理学家马斯洛曾说:"心态若改变,态度跟着改变;态度改变,习惯跟着改变;习惯改变,性格跟着改变;性格改变,人生就跟着改变。"

有一对性格迥异的双胞胎,哥哥是彻头彻尾的悲观主义者,弟弟则是个天生的乐天派。在他们8岁那年的圣诞节前夕,家里人希望改变他们极端的性格,为他们准备了不同的礼物:给哥哥的礼物是一辆崭新的自行车,给弟弟的礼物则是满满的一盒马粪。拆礼物的时候到了,所有人都等着看他们的反应。哥哥先拆开他那个巨大的盒子,竟然哭了起来:"你们知道我不会骑自行车!而且外面还下着这么大的雪!"正当父母手忙脚乱地希望哄他高兴的时候,弟弟好奇地打开了属于他的那个盒子。房间里顿时充满了一股马粪的味道。出乎意料,弟弟欢呼了一声,然后就兴致勃勃地东张西望起来:"快告诉我,你们把马藏在哪儿了?"

这个小故事给我们的启示是:对于一个悲观的人来说,天下没有一张合适他的凳子;对于一个快乐的人来说,即使天空下着雨,他的心空也是明媚的。

学习态度，一般是指你对学习及学习情境所表现出来的一种比较稳定的心理倾向。你的学习态度，具体又可包括对待课程学习的态度、对待学习材料的态度以及对待教师、学校的态度等。

我国心理学工作者近些年来曾对学生的学习问题进行了实验研究。研究结果表明，学生的学习态度不仅直接影响学习行为，而且还直接影响着学习成绩。那些喜欢学习，认为学习很有意义的学生，上课注意听讲，按时完成作业，学习成绩优良。相反，那些对学习不感兴趣，认为学习无用的学生，课堂行为问题多，学习成绩也差。

可见学生学习态度的好坏与其学习效果密切相关。在学校里，如果其他条件基本相同，学习态度好的学生，其学习效果总是远胜于学习态度差的学生。

那么，到底如何才能拥有积极的学习态度呢？

一心向学

一心向学，是所有学习习惯中最重要的习惯。这种习惯一旦养成，你就会自动自觉甚至不由自主地把万事万物都与学习联系起来，你的大脑便会成为容纳知识百川并且对其进行过滤、加工、再造的法宝。然后，你再把这些想法分类画成思维导图，你会发现你的大脑里原来蕴藏着这么多奇思妙想。

专心致志

专心致志，是你必须养成的最基本的学习习惯。用思维导图解决学习问题的过程，就是改善大脑专注度的重要途径之一。因为，思维导图是需要画的。画的过程不仅需要调动大脑的专注力去思考和联想，同时也要通过肢体动作全身心地参与才能完成。

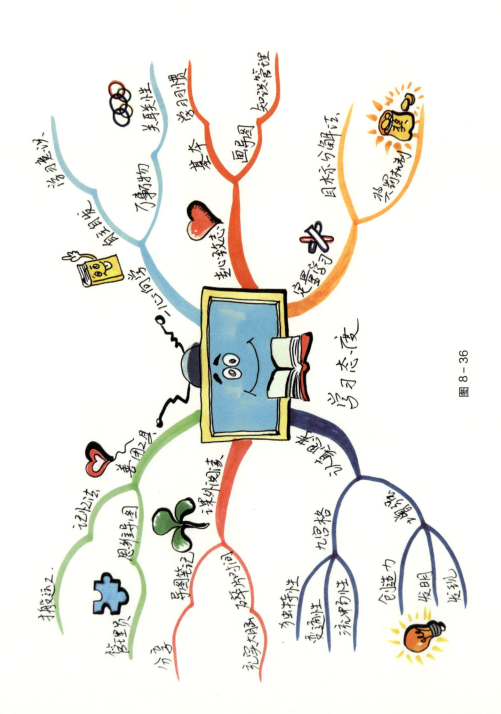

图 8-36

定时定量的学习计划

定时定量的学习计划,是实现目标、克敌制胜的法宝。一般说来,目标比较容易确定,计划也比较容易制订,难的是定时定量地完成学习计划。这就是通常所说的"知易行难"。不过,用思维导图通过"目标分解法"就可以解决这个问题,再加上奖罚机制,相信学习计划落地执行不再是难事。

认真思考

认真思考的学习习惯,有利于提高学习品质,有利于培养人的能力,尤其是有利于增强人的发现、发明和创造能力。发散思维结合九宫格会让大脑思考更具流畅性、变通性和独特性。

课外阅读

保持阅读的习惯,把碎片化时间充分利用起来,充实自己的大脑。阅读可以让我们看到不一样的世界。把阅读的内容画成思维导图笔记,分享给更多人。

善用学习工具

工具不同,速度不同;工具越强,能力越强。比如,学习思维导图、记忆法等都是我们学习的好帮手。

《师旷劝学》中云:"少而好学,如日出之阳;壮而好学,如日中之光;老而好学,如秉烛之明。"学习贯穿于人的一生,学习是一种发现,它为我们扩大了精神的空间,学无涯,思无涯。

学无止境,用思维导图把学习变成一件快乐、幸福的事情。

撸起袖子加油练,轻松画出好成绩!

后 记

教育家叶圣陶曾说："只有做学生的学生，才能做学生的先生。"很多时候，我们与孩子或学生互为师者。师者，传道、授业、解惑，但师者未必样样都懂，样样都通。所以，师者也是学生，家长亦然。

正如思维导图的学习，许多宝贵的经验都是在自己实践、与学生头脑风暴或授课中得来的。所谓"教学相长"大概就是这个意思。

关于本书的出版还有一位"大功臣"，她是我的大徒弟——张雷霞。她几乎包揽了本书90%的插图绘制以及导图制作。用心之处，无以言表。我常引用《与神对话》中"学生准备好时，老师自然出现"这句话。当一个人真正准备好时，他就是自己的老师。

除此之外，还要感谢王芳和庄海燕老师的倾情推荐，机械工业出版社老师们的精心策划，以及我的团队、朋友和家人的支持。

相信"相信的力量"。

姬广亮